L'ART ÉQUESTRE

DEUXIÈME PARTIE

DRESSAGE RAISONNÉ DU CHEVAL

TRAITÉ D'ÉQUITATION DE HAUTE ÉCOLE

L'ART ÉQUESTRE

DEUXIÈME PARTIE

DRESSAGE RAISONNÉ DU CHEVAL

PAR E. BARROIL

AVEC UNE PRÉFACE

DU COMMANDANT BONNAL

De l'École supérieure de Guerre

85 VIGNETTES ET DESSINS PAR GUSTAVE PARQUET

D'APRÈS LES PHOTOGRAPHIES INSTANTANÉES DE DELTON

PARIS

J. ROTHSCHILD, ÉDITEUR

13, RUE DES SAINTS-PÈRES, 13

1889

ERRATA

Page 22, supprimer dans le sommaire, ligne 2, les mots : *à pivot mouvant et à pivot fixe.*

Page 119, ligne 25, au lieu de : *la pression de la même jambe*, lisez : LA PRESSION DE LA JAMBE GAUCHE.

Page 125, ligne 25, au lieu de : *en faisant primer l'action*, lisez : EN AUGMENTANT L'ACTION.

Page 148, ligne 17, au lieu de : *prépare le cheval au galop,* lisez : PRÉPARE LE CHEVAL AU GALOP RALENTI.

PRÉFACE

'ÉQUITATION, aussi bien que l'escrime, est une science et un art.

Science à la base, art au sommet.

Tout artiste doit posséder, indépendamment des dons naturels, la technique de son art; sinon il perd un temps et des efforts précieux à découvrir, pour son propre compte, des procédés connus depuis longtemps.

Il faut donc un maître à celui qui veut s'élever jusqu'à l'art, et, par maître, nous entendons une direction et un guide.

« L'art équestre » satisfait aux conditions exigées d'un enseignement parlant aux yeux, s'adressant à l'intelligence et provoquant la réflexion.

C'est à Raabe, notre illustre maître, que revient le mérite d'avoir perfectionné les procédés de dressage de Baucher, puis de les avoir mis à la portée du plus grand nombre.

L'éperon, ce « rasoir entre les mains d'un singe », suivant l'expression consacrée, est devenu, grâce à Raabe, la plus efficace expression de la jambe du cavalier, son « ultima ratio ».

L'éperon touche, presse ou pince; il s'emploie près des sangles, un peu en arrière ou très loin des sangles.

Près des sangles, l'éperon agit principalement sur l'avant-main, considéré comme l'antagoniste de l'arrière-main, et provoque l'arrêt, puis le reculer.

Très loin des sangles, l'éperon, renfort de la jambe, actionne l'arrière-main, soit pour augmenter l'impulsion, soit pour obtenir la cadence. Enfin, la position intermédiaire participe des deux extrêmes et donne l'équilibre parfait.

Le cavalier qui voudrait appliquer, à la lettre et sur un cheval neuf, les procédés que nous venons d'exposer sommairement, perdrait son temps et sa peine, outre qu'il s'exposerait à des mésaventures fâcheuses.

Le jeu de l'éperon, tel que l'enseigne Raabe, est sans danger lorsqu'il s'emploie avec progression et sagesse.

Que veut le dresseur?

Se faire comprendre du cheval et lui inculquer la connaissance du bien et du mal. . . . . au point de vue de l'exploitation par l'homme.

Les procédés d'éducation doivent donc s'adresser au moral du cheval, et leur efficacité sera d'autant plus grande qu'ils seront mieux en rapport avec la psychologie et la physiologie hippiques.

Le cheval est sensible aux caresses et aux friandises; de plus, il aime le repos. La douleur lui est tout aussi pénible qu'à nous.

Récompenses, châtiments, voilà les deux extrêmes entre lesquels s'intercale une série de termes aussi nombreux qu'on voudra.

La jambe — ou l'éperon — serrant près de la sangle, agit sur le diaphragme et amène un léger spasme. Profitons de cette constatation physiologique pour enseigner au cheval qu'il doit s'arrêter ou reculer, à cette pression de la jambe ou de l'éperon.

L'encolure est à la fois le balancier et le gouvernail du cheval; sachons lui donner l'attitude favorable au mouvement que nous voulons faire exécuter à notre monture.

Pour tourner à droite, nous appuyons fortement sur le pied gauche et nous plaçons le pied droit dans la nouvelle direction. Pourquoi le cavalier ne demanderait-il pas au cheval l'exécution d'un à droite à l'instant favorable, au lieu de lui donner l'ordre, transmis par les aides, n'importe quand?

Avant les travaux de Raabe, ce désidératum n'était même pas posé par les écuyers. Aujourd'hui, tout cavalier qui lira « l'Art équestre » attentivement arrivera, de lui-même, avec un peu de patience et d'observation, à saisir, à sentir même, l'attitude qui doit précéder l'exécution naturelle du mouvement voulu.

Un exemple fera bien saisir l'importance du savoir en locomotion pour faire exécuter au cheval les mouvements usuels avec facilité, c'est-à-dire sans transgresser les lois de la mécanique animale.

Un homme arrêté qui veut faire face à gauche se pousse avec le pied droit, pivote sur le pied gauche, tourne d'un quart de cercle, puis rapporte le pied droit à côté du gauche.

Le cheval tournant à gauche, sur les épaules, pivote, comme l'homme, sur son antérieur gauche et fait décrire un arc de cercle en avant à son antérieur droit : pendant ce temps, la croupe converse, suivant un arc proportionnel à la longueur du corps.

Le cheval pivotant pendant ce mouvement (pirouette renversée à gauche) sur le pied gauche, il est logique de penser que ce pied doit être surchargé.

Cette surcharge peut être obtenue de deux manières : ou bien le cheval portera la tête à gauche en conservant l'encolure rigide, ou bien il ploiera l'encolure, la convexité à gauche, et maintiendra la tête à peu près dans le plan médian, mais plutôt inclinée, le bout du nez à droite. Dans l'un et l'autre cas, le centre de gravité commun de la tête et de l'encolure est reporté à gauche.

Comment le cavalier va-t-il utiliser ce résultat d'observation? Il demandera la pirouette renversée au cheval neuf par un effet latéral, qui consiste à attirer la tête du cheval à gauche par un effet de rêne directe franchement ouverte, et par la jambe gauche très en arrière.

Quant au cheval assoupli, il exécutera la même pirouette renversée par l'effet diagonal droit — rêne droite agissant sur la barre droite dans le sens : épaule droite, hanche gauche, et jeu correspondant des aides inférieures (jambes).

Raabe a été l'un des plus remarquables élèves de Baucher à une époque où la nouvelle équitation, expérimentée dans la cavalerie française par décision ministérielle du 17 décembre 1842, soulevait, dans l'armée, des polémiques passionnées.

Étant lieutenant au 6e lanciers, il écrivit, en 1845, son premier ouvrage d'équitation sous le titre de *Manuel équestre*. Son but, en le publiant, était de vulgariser et de faciliter la méthode Baucher dans notre cavalerie.

Trois ans plus tard, à Metz, le lieutenant Raabe faisait paraître, en autographie, le résumé de la nouvelle méthode de M. Baucher.

Il est curieux, quarante-deux ans après cette publication, de comparer certaines définitions inspirées par Baucher, et relatives aux forces musculaires, avec les idées si claires, si simples que Raabe professe aujourd'hui.

Dans le résumé de la nouvelle méthode de M. Baucher, les forces musculaires sont prises pour vigueur, faculté d'agir vigoureusement.

L'auteur divise les forces musculaires en force d'inertie, forces instinctives et forces soumises. Toujours d'après lui, les forces se détendent, se rassemblent ou se concentrent.

Les forces deviennent *soumises,* à la suite d'un travail reposant sur les attaques de l'éperon!

Bien avant l'apparition des travaux de Helmoltz et de Marey sur l'innervation des muscles, leur excitabilité et leurs contractions, Raabe a écarté de sa terminologie le terme de force musculaire, qui ne veut rien dire et n'explique rien, pour ne considérer que les attitudes et les mouvements que prend ou exécute le cheval sous l'excitation de la volonté indépendante ou soumise.

Le maître, avec son grand bon sens, n'avait pas tardé à reconnaître que tout le dressage réside dans l'obéissance du cheval à des ordres exécutables et bien choisis.

L'écuyer n'est pas le maître des forces de son cheval; il provoque ou saisit les attitudes qui correspondent aux mouvements voulus; le cheval fait le reste.

Par exemple, au moyen d'un effet d'ensemble, à l'allure du pas, nous obtenons du cheval qu'il place sa tête verticalement, roue son encolure et mâche son mors. Le cheval marchera, dans la mise en main ainsi obtenue, d'une autre façon que s'il cheminait, les rênes sur le cou, l'encolure horizontale. Mis en main, le cheval est en parfait équilibre; son allure, plutôt lente qu'accélérée, est en quelque sorte majestueuse. Dans cette attitude, le cheval déploie une énergie d'impulsion plus grande que lorsque, marchant à sa guise, il surcharge son avant-main, à la façon du fantassin qui porte le haut du corps en avant pour diminuer la fatigue résultant de la poussée des pieds sur le sol.

Est-ce à dire que la marche artificielle du cheval dans la mise en main soit ruineuse pour ses membres? Bien au contraire, le cheval s'habitue ainsi à soulager son avant-main en engageant ses membres postérieurs et il apprend à se bien tenir, à éviter les chutes.

Le cheval bien mis est liant, suivant la juste expression adoptée; un tel cheval exécute les mouvements qu'on lui demande avec une souplesse et un moelleux qui font dire aux heureux de l'équitation « qu'il coule comme de l'eau ». Mais le cheval, et lui seul, est à même de prendre les dispositions amenant ce résultat.

La mise en jeu des forces musculaires du cheval n'intéresse en rien l'écuyer. Si le cheval a été bien assoupli, moralement et physiquement, il exécutera les intentions de son maître d'autant mieux que le langage des aides employées sera plus clair, plus précis, plus discret.

Commander au cheval avec justice, justesse et nuance; tout l'art équestre est contenu dans ces trois mots.

Après avoir été le disciple de Baucher, Raabe devait à son tour devenir chef d'école.

Conservant de son ancien maître le principe en vertu duquel le cheval en dressage doit conserver la mise en main pendant qu'on le travaille aux allures lentes et normales, Raabe résolut de chercher par quel ensemble de moyens il serait possible de systématiser les impressions et les actions que perçoit et donne empiriquement, mais avec un tact si délicat, le véritable écuyer, toujours vieux si l'on en croit le dicton : « Jeune cavalier, vieil écuyer ».

D'intuition, ses recherches portèrent sur l'analyse des allures.

Le succès de ses efforts a montré qu'il avait deviné juste.

Par l'étude constante et progressive de la mécanique animale, Raabe est arrivé, après vingt années d'observations et d'expériences sans nombre, à présenter très complètement, dans son traité de haute équitation publié en 1863, les allures du pas, de l'amble, du trot et du galop.

On peut dire que, dès cette époque (1863), Raabe a fait passer l'équitation du domaine de l'empirisme dans celui de la science.

Avant lui, l'analyse du pas, la plus lente des allures et la plus facile à observer, avait donné lieu, de la part des hippologues, à des descriptions, agrémentées de dessins, qui feraient sourire aujourd'hui un enfant ayant eu sous les yeux quelques photographies instantanées de chevaux en mouvement.

Raabe a procédé scientifiquement, du simple au composé. Il a étudié le jeu d'un membre, puis celui de deux membres congénères. Jusque-là, point de difficulté; le cheval marche avec ses membres antérieurs comme nous, et, avec ses membres postérieurs, également comme nous. Le point délicat consistait à découvrir la loi qui préside à la combinaison de ces deux marcheurs — antérieurs, postérieurs — indépendants l'un de l'autre à la façon de deux hommes se suivant à distance fixe.

Quand on voit marcher un cheval au pas, on constate qu'à l'appui de l'antérieur droit succède l'appui du postérieur gauche.

Le temps qui sépare ces deux appuis successifs, quel est-il par rapport à la durée d'un pas complet?

La question ainsi posée est insoluble; mais si l'on précise le genre de pas observé, il est possible de définir exactement le rythme des 4 battues que l'on entend pendant l'exécution d'un pas.

Raabe s'en est tenu d'abord au pas normal, qui se caractérise par la superposition des pistes ou empreintes sur le sol. Il a constaté que le retard de l'appui du postérieur gauche, par exemple, sur l'appui de l'antérieur droit, correspond au tiers environ de la durée totale de l'appui d'un membre.

Il a, par suite, divisé la durée d'appui sur un pied en trois périodes et, par mesure de compensation, il a partagé l'oscillation d'un membre en mouvement en trois périodes également.

La théorie des six périodes était née.

Mais il y a d'innombrables variétés de pas.

Le cheval qui rentre à l'écurie marche autrement que lorsqu'il la quitte. Le cheval de l'Arabe ne chemine pas comme le cheval du Cosaque et, sans aller si loin, nous avons, en France, des races qui présentent des démarches diverses.

Le cheval pouvant associer à sa guise son avant-main avec son arrière-main, le nombre des rythmes du pas et, par suite, de ses variétés, est indéterminé.

Dans tous les cas, les divers genres du pas sont compris entre l'amble et le petit trot marché.

Que l'on suppose deux hommes, se suivant à distance fixe et marchant au pas, ils figurent l'amble.

Si, au contraire, l'homme de derrière pose le pied droit au moment où l'homme de devant pose le pied gauche, c'est le petit trot marché.

Les deux hommes marchant l'amble, que celui de derrière accélère quelque peu un poser du pied gauche, le synchronisme des battues latérales sera rompu, une base diagonale droite, de très courte durée, sera établie, et l'on entendra 4 battues analogues à celles du cheval marchant à un pas accéléré, très rapproché de l'amble.

Si le marcheur de derrière précipite de plus en plus les posers de ses pieds pendant que le marcheur de devant continue imperturbablement sa marche, on aura sous les yeux une nombreuse série de pas qui tendent vers le petit trot marché. Inversement, au petit trot marché, un léger retard, dans le temps du poser d'un pied de derrière par rapport au pied de devant en diagonale, rompt le synchronisme des battues diagonales et donne naissance à un genre de pas, où les bases diagonales durent longtemps et les bases latérales peu.

L'allure du trot franc a paru simple de tout temps, à cause du synchronisme de ses battues diagonales, mais entre deux battues, il y a une période de suspension : quelle est-elle?

Le trot, contrairement à l'opinion reçue, est d'une analyse très difficile. Sans les expériences qu'a faites Marey, avec les appareils enregistreurs de son invention, il eut été impossible de savoir exactement comment le cheval trotte.

A plus forte raison, le galop et le galop de course, allures rapides par excellence, échappaient-ils à l'observation directe. Heureusement, les belles expériences de Marey ont constitué pour Raabe la base solide sur laquelle il a édifié la théorie des vitesses relatives.

Malgré l'insuffisance de l'observation directe, notre vénérable maître était parvenu, dès 1863, à donner le mécanisme des trots réguliers, du Flyng trot, des divers galops et de la course. Les constatations les plus récentes, faites, soit au moyen d'appareils enregistreurs, soit par la photographie, n'ont pas controuvé les résultats acquis depuis si longtemps.

Les observations, les analyses et les synthèses d'allures que Raabe a publiées, il y a 25 ans, sont exactes, mais incomplètes.

Quelle puissance d'observation chez cet écuyer amoureux de son art, qui, pendant un demi-siècle, dirige toutes ses pensées vers un seul but : saisir le secret des mouvements du cheval !

La récompense de tels efforts est venue sous la forme d'une admiration respectueuse, qui se fait jour de toutes parts, à l'étranger comme en France.

L'époque n'est peut-être pas éloignée où le monde hippique en entier rendra l'hommage qu'il mérite au savant désintéressé, au grand artiste à qui nous devons l'art équestre basé sur la science équestre.

La connaissance du mécanisme des allures du cheval n'était, aux yeux de Raabe, que le moyen. Le but était de faire servir cette science nouvelle à la conduite, au maniement du cheval.

Nous entrons ici dans le vif du sujet.

Le pas est, d'après un auteur célèbre, la mère des allures. C'est principalement à l'allure du pas qu'on dresse et qu'on a toujours dressé le cheval de selle.

Cette allure a donc, pour l'écuyer, une haute importance.

Raabe, dès qu'il se fût assimilé le mécanisme du pas normal divisé en six périodes, chercha tout naturellement à comparer les impressions qu'éprouve l'assiette du cavalier avec le jeu des quatre membres du cheval.

Voici la première et la plus importante de ses constatations :

Le cavalier sent les appuis des membres antérieurs et les différencie très bien ; mais les membres postérieurs font beaucoup moins sentir leur action.

L'explication physiologique de ce fait est très simple. Les membres antérieurs se terminent à l'épaule plaquée sur le thorax et ne sont pourvus que d'une articulation coudée formant ressort. Leur appui se traduit, à l'épaule, par une secousse, tandis que les deux articulations coudées de la rotule et du jarret amortissent les chocs des pieds postérieurs sur le sol.

Le cavalier éprouve aussi un balancement latéral qui atteint son maximum d'amplitude à l'instant où une base diagonale se construit par l'appui d'un pied postérieur.

Ne retenons que le sentiment des appuis des membres antérieurs.

A l'allure du pas normal, lorsque l'antérieur droit prend terre, le postérieur droit est à la fin de son appui et se dispose à exécuter une enjambée.

Ce membre va donc être disponible. D'autre part, il a été constaté scentifiquement que le fluide nerveux n'est doué que d'une vitesse de 40 mètres environ par seconde.

Si le cavalier veut qu'un membre postérieur obéisse à l'action de sa jambe du même côté, à un instant précis, il doit faire sentir l'action de cette jambe assez tôt pour que l'impression soit transmise de la périphérie au cerveau, puis revienne, sous forme d'ordre cérébral d'exécution, au membre à déplacer.

Bien avant qu'Helmoltz eut découvert les propriétés de transmission du fluide nerveux, Raabe avait constaté, empiriquement, la nécessité d'accorder au cheval un certain temps entre l'indication d'un mouvement et le commencement de son exécution.

En faisant agir sa jambe droite, loin de la sangle, à l'instant où il sent l'appui de l'antérieur droit, l'écuyer donne au postérieur droit l'ordre d'avancer, ou d'appuyer à gauche, suivant la nuance employée.

L'ordre est donné un peu avant que le postérieur droit se lève ; donc ce membre sera prêt à l'exécution quand viendra le moment où, ne supportant plus un atome du corps, il est prêt à obéir.

Le sentiment des appuis des membres antérieurs est la base de toute équitation raisonnée.

Obtention et conservation de la mise en main, d'une part ; emploi des aides inférieurs basé sur les appuis des membres antérieurs, d'autre part,... tels sont les deux principes essentiels de la méthode de dressage que nous appliquons depuis une quinzaine d'années avec un bonheur constant, sous la haute direction du meilleur des maîtres.

Il n'est pas possible d'exposer en quelques pages le mécanisme des aides qui conviennent à l'exécution régulière et artistique de tous les mouvements usités dans le dressage et le maniement du cheval de selle.

« L'Art équestre » contient, à cet égard, tous les développements désirables.

Nous nous bornerons à donner les règles suivantes qui ne souffrent aucune exception.

1° Les mouvements de deux pistes vers la droite, au pas, au trot, et au galop, ainsi que la pirouette à droite, sont demandés, entretenus, ou maintenus par un effet intermittent de jambe gauche, qui coïncide avec chaque appui de l'antérieur gauche.

2° Les mêmes mouvements vers la gauche réclament une action semblable de la jambe droite.

3° Les départs au galop, étant au pas ou au trot, s'obtiennent par un effet de jambe gauche à l'instant ou l'antérieur gauche prend son appui, quand il s'agit de partir au galop à droite, et *vice versa*.

4° Les changements de pied, au galop, résultent de l'action donnée à l'instant de la troisième foulée.

En dernière synthèse, tous les mouvements vers la droite sont provoqués par la jambe gauche agissant à l'instant de l'appui de l'antérieur gauche, et tous les mouvements vers la gauche, à l'inverse.

Par action de jambe gauche, ou droite, déterminant le mouvement voulu à l'instant favorable, nous ne voulons pas dire que le cavalier n'emploie qu'une seule jambe à la fois. L'accord des aides doit toujours présider aux actions du cavalier, et ce serait une grave erreur de croire qu'une jambe peut rester inerte pendant que l'autre agit. Bien au contraire, les aides qui sont : les mains, les jambes et l'assiette, ont à jouer, en toutes circonstances, un rôle dictinct.

Arrivons maintenant à la manifestation la plus étonnante du génie de Raabe, autrement dit, la découverte des lois qui régissent les vitesses du pied comparées aux vitesses de la masse, à toutes les allures.

En 1873, M. Marey, professeur de physiologie au collège de France, publia le compte rendu d'expériences qu'il venait de faire sur les allures du cheval au moyen d'appareils enregistreurs de son invention.

Ces appareils ont été décrits très complètement dans la première partie de « l'Art équestre » page 81 et suivantes.

Notre ami et condisciple en équitation, M. Étienne Barroil, a traité la question des appuis, des plans de terre et des vitesses relatives avec tous les développements qu'elle comporte, et, si nous l'effleurons dans cette préface, c'est uniquement pour en montrer la genèse.

La méthode graphique de Marey ouvrit à Raabe des horizons nouveaux. Jusqu'alors, on ne pouvait faire que des hypothèses sur la durée de la suspension de la masse, suspension que tout le monde peut constater chez le cheval marchant au trot ou au galop.

L'observation directe avait trompé les plus clairvoyants. Ainsi, Raabe lui-même admettait, dans son traité de haute équitation, paru en 1863, que la durée d'une suspension pouvait atteindre, au grand trot, le double de la durée de l'appui.

Les expériences de Marey ont démontré qu'au trot le plus rapide la suspension ne dépasse jamais en durée la moitié de l'appui.

La méthode graphique ne fit que confirmer les principes découverts par Raabe au sujet des allures marchées. L'appui sur un membre, succédant sans interruption à un appui sur l'autre membre congénère, et chacun d'eux se comportant d'une façon identique, la vitesse du corps est forcément moitié moins rapide que la vitesse d'un membre en mouvement. Chacun peut vérifier le fait sur lui-même.

Restaient les allures sautées.

Les notations graphiques donnent les durées d'appui et de suspension de chaque membre, mais sont impuissantes à indiquer les vitesses et les chemins parcourus.

Qu'un cheval piaffe ou trotte, les appareils enregistreurs inscrivent, à peu de chose près, des tracés semblables.

Raabe chercha le moyen de combler cette lacune; il le trouva dans le plan de terre.

Un plan de terre est l'ensemble des pistes ou empreintes formées sur le sol par un cheval en mouvement.

Les plans de terre indiquèrent les chemins parcourus, et, confrontés avec les durées d'appui et de suspension obtenues par les appareils enregistreurs, ils permirent à Raabe de reconstituer, par la pensée et par l'image, la série complète des mouvements successifs, aux diverses allures sautées.

Prenons un exemple :

Un cheval de taille connue (1ᵐ60) a formé un plan de terre, au trot, sur lequel les pistes se suivent à 1ᵐ20 de distance.

Les appareils enregistreurs, dont ce cheval était pourvu, ont donné des tracés où l'on voit la durée de chaque suspension égale au 1/5 de la durée de chaque appui.

Nous dirons : Puisque le cheval marchant au trot a laissé des pistes se suivant exactement à 1ᵐ20, il s'est jugé, c'est-à-dire, a couvert ses pistes antérieures avec ses pieds postérieurs. En outre, la distance de 1ᵐ20 indique que ce cheval a trotté régulièrement, car c'est un principe d'observation que les battues d'un diagonal sont synchrones, toutes les fois que les membres qui le composent conservent entre eux, sur le sol, une distance égale aux 3/4 de la taille du cheval. (3/4 de 1ᵐ60 = 1ᵐ20.)

Nous concluons de ce qui précède que, chez le cheval en question, la masse a été supportée par chaque diagonal pendant qu'elle progressait de un mètre et qu'entre deux appuis consécutifs, elle a progressé en l'air de 0ᵐ20. (1ᵐ + 1/5 de 1ᵐ = 1ᵐ20.)

Un pied quelconque, le postérieur droit si l'on veut, a parcouru, par enjambée, une distance de 2ᵐ40, ou deux fois 1ᵐ20, et, pendant ce temps, la masse a progressé de 1ᵐ40;

savoir : $0^{m}20$ en l'air, 1 mètre sur le diagonal droit, enfin $0^{m}20$ en l'air.

Si le pied en mouvement avance de $2^{m}40$, dans le temps que le corps du cheval parcourt $1^{m}40$, soit à l'appui, soit en suspension, on en déduit que : la vitesse du pied est de 5/7 plus rapide que la vitesse de la masse ($2^{m}40 = 1^{m}40 +$ 5/7 de $1^{m}40$); autrement dit, l'espace parcouru par le pied est égal à l'espace parcouru par la masse, augmenté des 5/7 de cet espace.

Inversement, la masse avançant de $1^{m}40$ dans le temps que le pied décrit une enjambée de $2^{m}40$, on concluera :

La vitesse de la masse est de 5/12 moins rapide que la vitesse du pied ($1^{m}40 = 2^{m}40$ — 5/12 de $2^{m}40$); ou bien, l'espace parcouru par la masse est égal à l'espace parcouru par le pied, moins les 5/12 de cet espace.

La vitesse du pied est dite « super vitesse », par opposition avec la vitesse de la masse, qualifiée « d'infer vitesse ».

A quoi bon des calculs aussi compliqués, dira le lecteur? De quelle utilité peut bien être la détermination des super et infer vitesses, ou vitesses relatives du pied et de la masse?

En équitation, la connaissance des vitesses relatives n'est pas indispensable; mais, lorsqu'il s'agit de représenter le cheval, à un instant quelconque de l'allure que l'on veut étudier, il faut pouvoir placer ses 4 pieds dans la position qu'ils occupent par rapport à la masse, au moment choisi.

Si, pour plus de simplicité, on représente le corps du cheval par une ligne horizontale allant du centre de mouvement de l'épaule à l'articulation de la hanche, et les 4 membres par 4 béquilles venant aboutir, deux par deux, aux centres de mouvement, il faut, avant de déterminer la place des 4 pieds correspondant à une position du corps quelconque, disposer la ligne horizontale des centres de mouvement au-dessus du plan de terre, à l'endroit choisi.

On mesure alors la distance parcourue par l'articulation de la hanche, depuis que le postérieur droit, par exemple, a quitté terre. En majorant cette distance des 5/7, dans le cas du trot précité, on a le chemin parcouru par le postérieur droit.

Un calcul semblable, pour le postérieur gauche, fixe la position de ce pied, au même moment.

De même, le centre de mouvement de l'épaule permet de déterminer, par l'espace qu'il a parcouru depuis le lever d'un antérieur, la position relative de cet antérieur.

Ainsi, pour fixer les idées, si l'on veut connaître, dans le trot en question, la position de chaque pied par rapport à la masse, au moment où le cheval, ayant décrit la moitié de sa suspension de 0^m20, n'a plus que 0^m10 à parcourir en l'air pour retomber sur le diagonal droit (antérieur droit, postérieur gauche), on dira :

Pendant que le centre de mouvement de la hanche a progressé en l'air de 0^m10, le postérieur droit a parcouru $0^m10 + 5/7$ de 0^m10, ou 0^m17 environ. L'antérieur gauche, pour la même raison, est à 0^m17 en avant de sa dernière empreinte.

Le diagonal droit, qui supportera la masse lorsque celle-ci aura parcouru les 0^m10 en l'air qui lui restent à faire, est en arrière de ses prochaines empreintes, d'une longueur de 0^m17.

Dans cette attitude, les deux pieds droits sont éloignés entre eux de 2^m06, les deux pieds gauches de 0^m34, et le milieu de la ligne des centres de mouvement est à égale distance des 4 pieds considérés, deux par deux, comme les extrémités des deux bipèdes latéraux et des deux bipèdes diagonaux.

Cette détermination de la position des quatre pieds, par rapport à la ligne des centres de mouvement, n'est pas rigoureuse. Elle suppose que le corps du cheval est animé d'un mouvement uniforme et que les pieds se meuvent avec une vitesse constante.

Les travaux de Marey les plus récents, montrent que le pied en mouvement accélère sa vitesse depuis son lever jusqu'au poser suivant; mais les différences ne sont pas considérables, et l'on peut s'en tenir, dans la pratique et pour la représentation graphique des allures, aux résultats que procure la connaissance des vitesses relatives.

Ajoutons que la photographie instantanée n'a fait que confirmer l'exactitude des théories de Raabe.

Nous avons sous les yeux un tableau graphique tracé par nous, en 1874, qui montre un cheval, à la course, dans seize attitudes différentes pendant l'exécution d'une enjambée de 7,20 accomplie en une demi-seconde. Eh bien! les photographies de Muybridge, venues beaucoup plus tard, n'ont fait que reproduire les silhouettes que nous avions esquissées en nous inspirant uniquement de la connaissance des durées d'appui et du plan de terre, dont découlent les vitesses relatives du pied et de la masse.

Aujourd'hui, les photographies hippiques sont très répandues; elles étonnent, mais n'instruisent guère. Celui-là seul, qui a étudié le mécanisme des allures, comprend, à l'inspection d'une photographie hippique, l'allure saisie en quelque sorte au vol, ses défauts, ses qualités, la place même qu'elle occupe dans la série des variétés ou des transitions d'allures.

L'étude de la locomotion développe le sens de l'observation et force à réfléchir.

Que de fois n'avons-nous pas remercié mentalement notre digne maître, lorsque, appelé par les vicissitudes de la vie militaire à servir au loin, nous nous sommes trouvé en face de difficultés imprévues, n'ayant d'autre guide que nous-même!

Alors nous nous sommes dit qu'en observant bien et en réfléchissant beaucoup, tout comme en locomotion du cheval, il était possible de trouver la solution vraie.

En dernier lieu, il nous reste à faire connaître, au moins sommairement, les œuvres qu'a publiées Raabe, au cours de sa longue carrière d'officier et d'écuyer.

Après le manuel équestre et l'exposé de la nouvelle méthode d'équitation, parus, le premier, en 1845, et le second, en 1848, nous arrivons à l'examen du cours d'équitation du comte d'Aure, qui date de 1854.

Les débats soulevés par cette publication sont encore présents à la mémoire des vieux officiers de cavalerie; nous ne les raviverons pas; ils sont si éloignés!

De 1856 à 1863, Raabe fait paraître quatre ouvrages, ayant trait à la locomotion, savoir :

L'examen des allures selon M. Bouley;
L'examen du traité de locomotion de M. Daudel;
L'examen du bauchérisme de M. Rul;
L'examen des traités de l'extérieur de M. Lecoq.

En 1859, c'est une brochure sur l'hippolasso, appareil de l'invention de MM. Lunel et Raabe, qui consiste essentiellement en une avaloire et une plate-longe réunies par des courroies dont le rapprochement, commandé par le dompteur, enserre les quatre membres du cheval à la façon de l'araignée ficelant une mouche.

L'hippo-lasso a rendu et rend encore de bons services, quand il s'agit de maîtriser un cheval vicieux ou de procéder à une opération chirurgicale qui réclame le décubitus.

La même année, Raabe fit autographier un tableau de la similitude des angles, d'après la théorie du général Morris.

C'est en 1863 que parut le traité de haute équitation, ouvrage considérable, malheureusement épuisé depuis longtemps, mais que « l'Art équestre » remplace avantageusement, grâce au dévouement et au savoir de notre ami, M. E. Barroil, qui d'élève est devenu le collaborateur du maître, puis le vulgarisateur de son enseignement.

Quelques mois avant la guerre de 1870, Raabe a publié la théorie raisonnée du cavalier à cheval, un petit livre, à couverture jaune, très répandu dans le monde militaire.

L'ancien capitaine-commandant se venge un peu, dans l'introduction, des déboires qu'il a subis, non dans son avancement — les hommes de sa trempe ne sont pas ambitieux pour eux-mêmes — mais dans les propositions qu'il a soumises à l'autorité supérieure pour faire bénéficier la cavalerie française de ses découvertes et perfectionnements en équitation.

Raabe a formulé ses critiques avant les événements de la dernière guerre ; il ne les eut pas faites sous la même forme au lendemain de nos désastres.

Sa publication la plus récente (1883) porte le titre de « Cadran hippique des allures marchées ».

L'opuscule est accompagné d'un double carton en forme de cadran. L'un des cartons représente le jeu des antérieurs du cheval ; l'autre celui des postérieurs. En faisant tourner un carton sur l'autre autour d'un axe central, on fait varier, comme on veut, l'association des membres de devant avec ceux de derrière, depuis l'amble jusqu'au petit trot marché, et *vice versa*.

Ce serait mal juger Raabe que de le mettre au nombre des spécialistes, incapables de voir au delà d'un cercle restreint.

Un livre récent, plein d'humour et qui fourmille d'observations philosophiques d'une haute portée : « Les Souvenirs d'un Dragon de l'armée de Crimée, » par M. Charles Mismer, nous montre le capitaine Raabe, homme de guerre complet, infatigable, aussi dur pour lui-même qu'exigeant pour les autres.

« C'était un homme de haute taille, se rattachant au type « du capitaine routier du moyen âge ; Gœthe eut choisi sa « tête sarcastique pour incarner au théâtre son Méphisto- « phélès. Avec des qualités militaires de premier ordre, il « avait des singularités de conduite, une sorte de farouche « misanthropie et une langue à l'emporte-pièce qui nui- « sirent à sa carrière..............................
« La nature l'avait taillé pour être un homme de guerre, « peut-être un chef d'armée. »

Aujourd'hui, le père Raabe, comme nous l'appelons familièrement, n'a pas renoncé, malgré les 78 ans qu'il porte sans fatigue, à travailler les questions équestres et à dresser des chevaux. Celui qui ne l'a pas vu manipulant un cheval à l'aide des rênes et de la cravache, ne peut pas se faire une idée de la soumission qu'il obtient, dès le début du dressage, et de la facilité avec laquelle le cheval lui obéit. C'est là un résultat complexe d'influence personnelle, de savoir-faire — peut-être même de fascination magnétique.

Quoi qu'il en soit, les chevaux qui sont passés par les mains de Raabe le reconnaissent, même après plusieurs années d'absence, et manifestent, à leur manière, leur joie de le revoir, en hennissant et en venant se frotter contre lui.

Nous voici arrivés au terme de la tâche que nous nous étions imposée, sur la demande de M. E. Barroil.

Il s'agissait de résumer, en une vingtaine de pages, toute la doctrine de Raabe.

Puissions-nous avoir réussi à donner au lecteur le désir d'étudier la locomotion du cheval et ses applications au dressage.

L'équitation raisonnée peut sembler aride à ceux qui ne l'ont pas approfondie, mais elle captive les hommes de cheval, que les premières difficultés de son étude n'ont pas rebutés.

En terminant, nous souhaitons à « l'Art équestre », un grand nombre de rejetons, sous la forme d'éditions successives, et nous remercions, au nom de l'art équestre, notre ami E. Barroil d'avoir mis son talent au service des idées de l'un des plus grands parmi les hommes de cheval célèbres.

COMMANDANT BONNAL.

Paris, le 20 Octobre 1888.

DRESSAGE RAISONNÉ

DU CHEVAL

DRESSAGE RAISONNÉ DU CHEVAL

CONSIDÉRATIONS GÉNÉRALES

'ÉQUITATION est l'art de soumettre le cheval et de lui faire exécuter à notre gré les divers mouvements que comporte son mécanisme.

C'est par le dressage qu'on obtient ces résultats. Pour être efficace, tout bon système de dressage doit être basé :

1° Sur les assouplissements, qui préparent l'exécution d'un travail régulier;

2° Sur l'observation des lois qui régissent le mécanisme animal, la précision des mouvements leur étant subordonnée;

3° Sur l'application des effets les mieux appropriés à ce mécanisme, c'est-à-dire sur l'emploi raisonné des aides;

4° Sur les moyens les plus propres à modifier le caractère de l'animal : nous entendons par là des châtiments et des récompenses justifiés.

Les résistances de la monture sont amenées le plus souvent par l'ignorance où elle se trouve des intentions de son cavalier. Il faut donc s'attacher, avant tout, à enseigner au cheval le jeu des aides. La meilleure manière de s'y prendre, consiste à maintenir les effets employés, jusqu'à ce que l'animal comprenne, et à les cesser prestement, dès qu'il a compris.

C'est surtout la rapidité à tout *rendre*[1] qui facilite au cheval la compréhension des aides, parce que la discontinuation des effets employés est pour lui une cause de bien-être.

Si, à la suite d'une résistance prolongée, on est obligé de recourir à un jeu des aides sévère, ce qui constitue le châtiment, il faudra toujours le faire avec calme.

Il est de toute nécessité que le cavalier reste constamment maître de lui : il donnera un, deux, trois, dix coups de cravache ou d'éperons, si c'est nécessaire, mais il les donnera sans plus de force la première que la dernière fois.

C'est en agissant avec force et colère qu'on provoque des résistances sérieuses, parce qu'on affole le cheval ; c'est en agissant avec persistance et avec une sévérité calculée, qu'on obtient le plus sûrement la soumission, parce que la douleur modérée mais prolongée finit toujours par avoir raison de la volonté de l'animal.

Si la nature du sujet est à ce point mauvaise que l'on soit obligé de recourir à un châtiment très énergique, on fera en sorte que ce châtiment soit bref.

C'est par des moyens de dressage ainsi raisonnés qu'on développe l'intelligence du cheval, qu'on le met en confiance, qu'on en fait son ami.

Quant aux mouvements, ils devront toujours être subordonnés aux lois qui régissent la mécanique animale. Demandés de la sorte,

1. Rendre : cesser les effets employés.

ils deviennent faciles, s'imposent en quelque sorte, et ils sont exécutés volontiers, parce qu'ils ne sont la cause d'aucune gêne et d'aucune souffrance.

Au contraire, lorsque l'exécution des mouvements est demandée à un moment inopportun, le cheval résiste et se défend, parce qu'on viole des lois naturelles.

Nous ne saurions donc trop conseiller aux cavaliers sérieux de s'occuper de l'étude approfondie des allures, d'en faire la condition *sine qua non* de tout dressage.

Quant à ces moyens de domination qui découlent de l'empirisme plutôt que de la raison et qui sont principalement basés sur la violence, nous ne saurions trop les proscrire. Ils rendent vicieux et inabordables les chevaux énergiques et ils abrutissent les autres.

Résumons-nous : il faut discipliner le cheval sans le maltraiter et sans violer les lois de son mécanisme.

Suivant les époques, suivant les progrès de l'équitation, les systèmes de dressage ont varié.

A l'époque de la Renaissance, l'emploi presqu'exclusif de la main, au détriment du jeu des aides inférieures, explique ces embouchures monstrueuses, ces caveçons meurtriers, véritables instruments de torture, alors en usage.

Parmi les écoles anciennes, les premières qui acquirent une juste célébrité furent celles de Naples, au XVIe siècle. On peut dire qu'elles furent le berceau de la grande équitation, car, pour la première fois, les maîtres qui les dirigeaient exposèrent des doctrines savamment raisonnées.

D'après elles, l'assouplissement du cheval est ordinairement commencé par des exercices au trot sur la ligne droite et sur le cercle.

L'école française, dont les premiers maîtres avaient étudié dans les académies de Rome et de Naples, adopta les errements de l'école italienne. Elle y ajouta, plus tard, l'assouplissement dans les piliers, dont l'invention est attribuée à M. de Pluvinel, l'écuyer du roi Louis XIII.

C'est par le travail dans les piliers que François Robichon de la Guérinière, le plus célèbre des anciens maîtres français, commençait et terminait le dressage de tout cheval. Le travail au pas et au trot sur le cercle, le cheval étant d'abord non monté, puis monté, faisait également partie des premiers assouplissements.

Pour nous, le dressage ne doit pas être commencé de cette façon. Le travail au trot sur le cercle, n'agissant que sur le physique, fatigue l'animal, sans avantage appréciable pour son éducation. Quant au travail dans les piliers, il a le grand inconvénient de mettre le cheval sur les jarrets et, par suite, de provoquer l'acculement, ce qu'il faut éviter à tout prix. L'acculement se remarque dans toutes les gravures du temps de La Guérinière : l'avant-main a du tride, mais l'arrière-main traîne.

Avant d'être soumis à ces assouplissements, les chevaux, dans les écoles antérieures à La Guérinière, étaient préalablement débourrés. Ce soin était laissé à des hommes spéciaux, à qui l'on confiait les jeunes chevaux, à leur sortie des haras.

« Il y avait autrefois, dit La Guérinière, *(École de Cavalerie,* « *1754*), des personnes préposées pour exercer les poulains au « sortir du haras, lorsqu'ils étaient encore sauvages. On les appe- « lait *Cavalcadours de Bardelle*. On les choisissait parmi ceux

« qui avaient le plus de patience, d'industrie, de hardiesse « et de diligence. Ils accoutumaient les jeunes chevaux à « souffrir qu'on les approchât dans l'écurie, à se laisser lever « les quatre pieds, toucher de la main, à souffrir la bride, la « selle, les sangles, etc. Ils les assuraient et les rendaient doux « au montoir. Ils n'employaient jamais la rigueur ni la force, « qu'auparavant ils n'eussent essayé les plus doux moyens dont « ils pussent s'aviser, et, par cette ingénieuse patience, ils ren- « daient un jeune cheval familier et ami de l'homme; lui conser- « vaient la vigueur et le courage; le rendaient sage et obéissant « aux premières règles. »

Ces moyens rudimentaires de dressage furent les seuls connus ou employés jusqu'à l'arrivée de M. Baucher. Le premier, M. Baucher commença à assouplir le cheval, non monté et en place, par des flexions de mâchoire et d'encolure, qui s'obtenaient au moyen des rênes.

Ce travail en place, qui n'est pas sans quelque valeur, ne donna pourtant pas les résultats espérés; les rênes, opérant seules, ne préparaient qu'incomplètement le cheval. S'il obéissait en place aux indications des rênes, il sortait de la main dès qu'on le portait en avant. De tels moyens étaient donc insuffisants. Le capitaine Raabe en fut frappé, et il eut l'idée de compléter le travail à pied, en adjoignant l'action de la cravache à celle des rênes.

D'après le capitaine Raabe, les flexions de la mâchoire et de l'encolure, avec l'aide des rênes seules, sont des assouplissements secondaires, parce que les rênes, étant des aides peu puissantes, servent plus spécialement à donner des indications qu'à imposer l'exécution.

Le profit le plus clair qu'on retire de ces assouplissements est de rendre plus habile la main du cavalier, de l'habituer à sentir ce qui se passe dans la bouche de son cheval, à rendre, toutes les fois que la légèreté se manifeste, et à *reprendre*[1] ensuite.

Ce n'est qu'au moyen des rênes et de la cravache employées : les premières, comme aides simples, la seconde, comme aide et châtiment, qu'on agit également sur le physique et le moral du cheval, et qu'on obtient la décontraction, la légèreté et l'obéissance en toute circonstance, aussi bien en place qu'au pas.

Cette manière de procéder nous a toujours donné d'excellents résultats. Aussi, conseillons-nous aux cavaliers de toujours commencer, par le travail à pied et à la cravache, le dressage de tous les chevaux.

1. Reprendre : revenir à des effets momentanément suspendus.

CHAPITRE PREMIER

TRAVAIL A PIED — ASSOUPLISSEMENT DE L'ENCOLURE ET DE LA MACHOIRE

Assouplissement de l'encolure et de la mâchoire par des flexions latérales, directes et d'abaissement, par rênes et cravache. — Flexions latérales, directes, d'abaissement et d'élévation, au moyen des rênes seules.

E dressage a pour objet de faire exécuter au cheval monté, avec précision, justesse et docilité, tous les mouvements conformes à sa nature.

Ces divers mouvements, le cheval en liberté les exécute avec aisance et souplesse; mais il n'en est pas de même les premières fois que le cavalier, à pied ou à cheval, en provoque l'exécution. Aux premières demandes qui lui sont faites, l'animal résiste et, parfois même, se défend. A quoi cela peut-il tenir?

En liberté, le cheval exécute facilement les mouvements conformes à sa nature, parce qu'aucune contrainte ne lui est imposée, qu'il agit à sa guise et qu'il se trouve dans des conditions naturelles d'équilibre, ce qui lui permet d'obéir instinctivement et sans effort aux lois de son mécanisme.

Non monté, ses résistances proviennent : soit de son ignorance absolue des intentions de son cavalier, c'est-à-dire du jeu des aides, soit de la violation des lois de son mécanisme, soit de son mauvais caractère.

Monté, ses résistances peuvent résulter : de son ignorance des aides, de la violation des lois de son mécanisme, de son mauvais caractère, enfin, de la rupture de son équilibre naturel, laquelle est pour lui une cause de gêne et d'efforts.

La manière la plus rationnelle d'avoir raison de ces résistances sera d'apprendre au cheval, avant toute chose, le langage des aides. Dès qu'il connaîtra les aides et qu'il se rendra compte de la conformité de leur action avec les lois de son mécanisme; quand il comprendra que les aides, suivant leur degré de puissance, servent à donner des indications ou à infliger un châtiment; il ne tardera pas à obéir docilement à toutes les indications de son cavalier.

On initiera le cheval au jeu des aides par des exercices à pied, parce que, dans le travail à pied, l'équilibre naturel n'étant pas modifié, les résultats sont plus faciles à obtenir. Dès que, non monté, le cheval obéira facilement aux aides, on complètera son éducation en lui demandant, monté, c'est-à-dire dans des conditions nouvelles d'équilibre, tous les mouvements qu'il exécute de lui-même en liberté.

Le travail à pied consiste en ce qu'on est convenu d'appeler des *exercices d'assouplissement*. En réalité, ces exercices visent tout autant l'assouplissement de la volonté que celui des muscles.

Les premiers assouplissements se font en place, puis en marchant au pas, au moyen des rênes et de la cravache et non à l'aide des rênes seules.

Si nous recommandons l'adjonction de la cravache aux rênes, c'est que, sans la cravache, il n'y a pas de domination complète possible. En effet, les rênes ne sont que des aides simples, agissant d'une façon plutôt locale que générale, plus spécialement sur le physique, et encore incomplètement, et fort peu sur le moral. Si elles servent à donner des indications, elles sont impuissantes à imposer l'exécution. Au contraire, la cravache agit d'une façon plus générale, tout à la fois sur le physique et sur le moral, parce que, de même que les jambes, elle peut être employée comme aide simple, comme châtiment, ou en même temps comme aide et châtiment, ce qui permet de combattre avec succès toutes les résistances.

Le jeu simultané des rênes et de la cravache a de plus l'avantage de préparer le cheval à l'accord des mains et des jambes, sans lequel, en équitation, l'exécution régulière des mouvements n'est pas possible.

Quant aux assouplissements au moyen des rênes seules, ils nous paraissent d'un ordre secondaire. Nous ne les employons que comme des moyens gymnastiques et dans des cas déterminés, alors qu'il s'agit, par exemple, de combattre des résistances de l'encolure résultant d'une conformation défectueuse. Ils servent également à rendre plus habile la main du cavalier inexpérimenté, à lui apprendre à *rendre*, toutes les fois qu'une décontraction se produit, à *reprendre* ensuite.

Les parties du corps du cheval qui offrent le moins de difficultés doivent être exercées les premières. On commencera donc par assouplir l'encolure et la mâchoire, et l'on passera ensuite à l'assouplissement de la croupe, des épaules et des reins.

La mâchoire et l'encolure s'assouplissent par des flexions latérales, directes, d'abaissement et d'élévation.

Les flexions latérales de la mâchoire et de l'encolure s'obtiennent par une tension plus marquée d'une ou de deux rênes sur un des côtés de la mâchoire et l'application simultanée de la cravache sur le flanc opposé à ce côté; les flexions directes, par une égale tension des rênes de bride et l'application simultanée de la cravache sur les reins ou sur le sommet de la croupe.

On obtient les flexions d'abaissement par la tension, de haut en bas, des deux rênes de filet ou d'une seule rêne et le jeu de la cravache sur les reins ou sur le sommet de la croupe; les flexions d'élévation, par la tension, de bas en haut, des deux rênes de filet. Ces dernières flexions se font généralement à l'aide des rênes seules.

Flexions latérales de l'encolure et de la mâchoire, par rênes et cravache. — On appelle flexion latérale de l'encolure, le pli qui est imprimé à celle-ci, lorsque la tête du cheval, à la suite d'une tension plus marquée d'une ou de deux rênes sur un des côtés de la mâchoire, sort du plan médian pour se porter à droite ou à gauche.

Lorsque cette flexion se fait avec la mobilité de la mâchoire, elle prend le nom de flexion latérale de l'encolure et de la mâchoire. Dans ce cas, elle est parfaite.

Toutes les fois que, dans une flexion latérale, la mâchoire ne se mobilise pas, l'encolure est raide et résistante; l'encolure est souple, au contraire, quand la mâchoire est décontractée.

Dans les flexions latérales, le pli de l'encolure peut être plus ou moins prononcé. Dans les exercices en place, on peut travailler avec un huitième de pli, un quart de pli, un demi-pli, un pli complet. Le pli est complet lorsque le bout du nez du cheval arrive près de son coude.

Pendant la marche, on ne peut exiger plus d'un quart de pli. Une incurvation plus prononcée de l'encolure, à une allure quelconque, serait préjudiciable à l'exécution des mouvements.

Les flexions latérales, quand elles sont complètes, se font au milieu du manège ou sur une piste intérieure; celles qui sont peu prononcées s'exécutent sur la piste ou au milieu du manège, indifféremment.

Dans le travail à pied, la flexion latérale et complète de l'encolure seule est demandée la première; elle est immédiatement suivie de la flexion de la mâchoire qui la rend parfaite.

Lorsque la flexion complète est d'une exécution facile, on en fait d'autres avec un pli moins prononcé.

Flexion à droite. — Se placer près de l'épaule gauche du cheval; saisir dans la main gauche les rênes gauches, à quatorze centimètres environ de la bouche, et les séparer par l'index; prendre dans la main droite les rênes droites, passées par dessus l'encolure, près du garrot, et les séparer par l'index; enfin, diriger du côté du flanc la cravache, tenue également dans la main droite.

Les rênes droites, passées par dessus l'encolure et appliquées près du garrot, établissent entre la bouche du cheval et la main du cavalier un intermédiaire qui permet de combattre plus efficacement les résistances, s'il s'en produit.

Les rênes et la cravache tenues comme nous venons de l'indiquer, on fait une tension plus marquée des rênes droites et l'on attend que la flexion se produise.

Dès que le cheval, sous l'action persistante des rênes droites, fléchit l'encolure à droite, la main gauche accompagne le mouvement, jusqu'à ce que la flexion soit complète.

Si, sous l'action plus marquée des rênes droites, la flexion de l'encolure ne s'obtient pas, on frappe le flanc gauche de coups de cravache légers et répétés, jusqu'à ce que la résistance disparaisse.

Si, pendant la flexion, la croupe se jette à gauche, on l'immobilise, par l'application plus ou moins énergique de la cravache sur le flanc gauche.

L'encolure étant pliée, on recherche immédiatement la mobilité de la mâchoire, ce qui s'obtient par une action prédominante des rênes droites, une tension plus légère des rênes gauches, et le jeu de la cravache sur le flanc gauche. Dès que le cheval mâche son mors, la flexion latérale et complète de l'encolure devient une flexion latérale et complète de l'encolure et de la mâchoire.

La décontraction de la mâchoire obtenue, décontraction qui

amène forcément celle de l'encolure, les mains suspendent leur mouvement de traction et rendent légèrement, ce qui s'appelle : *faire une remise de main*. Quant à la cravache, elle reste appliquée sur le flanc, qu'elle caresse. Toutes les fois que les mâchoires se referment, le jeu léger de la cravache sur le flanc recommence, et les rênes sont de nouveau légèrement tendues, pour provoquer la flexion, si c'est nécessaire.

La décontraction de la mâchoire n'est complète que si la langue se mobilise et ne reste pas collée au mors. Il faudra donc, dans toutes les flexions de l'encolure et de la mâchoire, continuer le jeu de la cravache, jusqu'à ce que la mobilité de la langue se produise. Une espèce de cliquetis, occasionné par le frottement du mors contre le filet, sera l'indice certain de cette mobilité. Nous représentons (fig. 1), le jeu des rênes et de la cravache dans une demi-flexion latérale de l'encolure et de la mâchoire à droite.

Fig. 1. — Flexion latérale de l'Encolure et de la Mâchoire, par Rênes et Cravache.

L'essentiel, dans les diverses flexions latérales de l'encolure et de la mâchoire, est de rendre immédiatement la main, dès que s'obtient la légèreté. C'est en rendant avec prestesse, à toute marque d'obéissance, qu'on frappe l'intelligence du cheval et qu'on l'amène à comprendre qu'il a bien fait. En effet, la remise de main faisant cesser la légère douleur produite par la pression du mors sur les barres, l'animal ne tarde pas à céder aux indications de la main, parce qu'il comprend qu'il y trouve son bien-être.

Lorsque, dans une flexion latérale à droite, on a obtenu

quelques bonnes cessions de mâchoire, on replace la tête du cheval directe, en faisant porter les rênes gauches sur la barre gauche et glisser les rênes droites dans la main droite.

Les flexions latérales de l'encolure et de la mâchoire à gauche se font d'après les mêmes principes et par des moyens inverses.

Il faut, au début, être peu exigeant dans ses demandes, et bien se pénétrer de cette idée que ce n'est pas en précipitant le dressage qu'on l'active, mais seulement en observant une sage progression.

C'est ce que Baucher exprimait par cet aphorisme : « Plus vous allez lentement, plus vous allez vite. »

Fig. 2. — Flexion directe de l'Encolure et de la Mâchoire, par Rênes et Cravache.

Flexions directes de l'encolure et de la mâchoire, par rênes et cravache. — On appelle flexion directe de l'encolure, le pli qui est imprimé à celle-ci, lorsque la tête du cheval, à la suite d'une tension directe et égale des rênes de mors, se met dans une position verticale, sans sortir du plan médian.

Cette flexion prend le nom de flexion directe de l'encolure et de la mâchoire, quand la mâchoire se mobilise.

Les flexions directes s'obtiennent de la manière suivante :

Le cheval étant sur la piste, en place et au repos, on se met près de l'épaule, à droite ou à gauche.

Si l'on est à gauche (fig. 2), on prend dans la main gauche les rênes gauches, à quatorze centimètres environ de la bouche du cheval, l'index placé entre les deux rênes, et dans la main droite, la rêne droite de bride, passée par dessus l'encolure, près du garrot. La cravache est également dans la main droite. Ces rênes et la cravache ainsi tenues, on fait également appuyer le mors sur les deux barres. Généralement le cheval, sous cette action, oppose, au début, une certaine résistance : il raidit sa mâchoire et, par suite, son encolure. A ce moment, on doit, tout en continuant les effets de mains, frapper l'animal de la cravache à coups légers et répétés sur les reins, jusqu'à ce que sa mâchoire se décontracte.

Ces attouchements de la cravache sur les reins ne sont pas faits arbitrairement. Ils prédisposent le cheval à soulever sa croupe et à engager ses membres postérieurs ; par suite, ils provoquent le ramener et la mise en main, l'engagement des membres postérieurs ne pouvant s'obtenir que par l'abaissement de la tête et de l'encolure.

Dès que, sous l'action de la cravache, le cheval décontracte sa mâchoire, il faut cesser les effets de main d'abord, le jeu de la cravache ensuite. L'action un peu plus prolongée de la cravache a pour but de faire comprendre au cheval que c'est surtout la cravache qui commande, et que c'est principalement à ses indications qu'il doit obéir.

On travaille d'après les mêmes principes en se tenant près de l'épaule droite. Dans ce cas, les rênes droites sont saisies non loin du mors avec la main droite, et la rêne gauche de bride, passée par dessus l'encolure, près du garrot, est tenue avec la cravache dans la main gauche.

On répète ces flexions directes jusqu'à ce que le ramener et la mise en main s'obtiennent avec facilité.

Le cheval est *en main et ramené*, toutes les fois que sa tête étant perpendiculairement placée, il mâche son mors. Le cheval qui a sa tête perpendiculaire au sol et qui ne mâche pas son mors n'est que *ramené*.

Lorsque, dans les flexions directes, le cheval recule sous l'action des rênes, les deux mains diminuent leur effet de traction, et celle qui ne tient pas la cravache se porte en avant pour combattre le mouvement de recul. Elle se replace ensuite dans sa position précédente, pour provoquer, de concert avec l'autre main, une nouvelle flexion.

Flexions d'abaissement, par rênes et cravache. — Lorsque la mise en main s'obtient facilement par les flexions directes, on complète l'assouplissement de l'encolure par des flexions d'abaissement.

On abaisse l'encolure, en pesant avec la main gauche sur la rêne gauche de filet, si l'on est placé près de l'épaule gauche, et en faisant, avec la main droite, des attouchements de cravache sur les reins ou le sommet de la croupe. On pèse sur la rêne droite de filet quand on est à droite. Le jeu de la cravache est continué jusqu'à ce que le bout du nez du cheval touche presque terre. Une fois dans cette position, la tête y est maintenue, principalement par l'application de la cravache sur les reins. (Fig. 3.) Le jeu de la cravache recommence toutes les fois que la tête se lève d'elle-même. Enfin, on replace celle-ci dans sa position normale en élevant la rêne gauche ou droite de filet, selon que l'on est à main gauche ou à main droite.

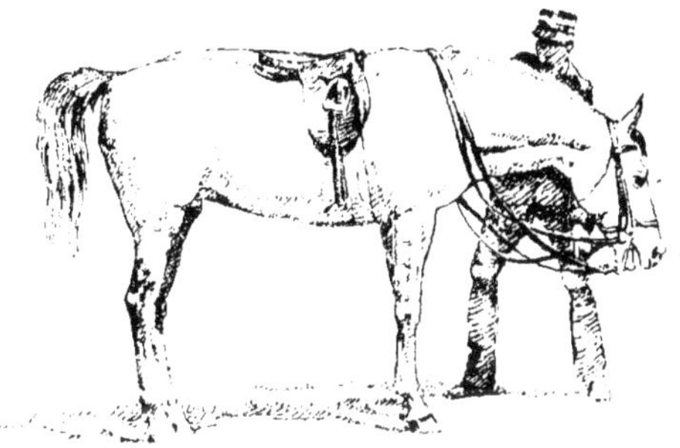

Fig. 3. — Flexion d'abaissement, par Rêne et Cravache.

On ne saurait trop répéter les assouplissements de l'encolure, car c'est toujours par la raideur de celle-ci que se produisent les résistances. Tout le monde a dû remarquer, en effet, que, lorsqu'un cheval veut se défendre, il commence par raidir l'encolure et lever la tête.

Si l'on a affaire à un cheval nerveux, impressionnable, s'excitant facilement au contact de la cravache, il est nécessaire de l'habituer à celle-ci avant d'en faire usage. A cet effet, on promène légèrement la cravache sur les diverses parties du corps de l'animal, en lui parlant avec douceur. On commence par l'appliquer près des sangles ou sur les sangles même, puis plus en arrière, et ainsi de suite, sur toutes les parties du corps. Cet exercice, ayant pour but de mettre le cheval en confiance, ne saurait se faire avec trop de mesure et de prudence. Dans toutes les demandes faites avec la cravache, il faut, avant tout, éviter de surprendre l'animal par des gestes brusques.

La cravache doit être d'une longueur telle que le cavalier, restant près de l'épaule, puisse atteindre facilement les différentes parties du corps du cheval. Une longueur de 1m40 à 1m50 nous paraît la plus convenable.

La cravache doit être noire, de préférence. Lorsqu'elle est de couleur claire, elle se voit trop et peut surprendre l'animal, ce qu'il faut éviter.

Flexions avec les Rênes seules. — Il se rencontre des chevaux d'une conformation défectueuse, à encolure courte, à ganaches étroites, qui ont beaucoup de peine à se mettre en main, la tête verticale. Avec ces chevaux, il est bon de faire des flexions avec les rênes seules, comme moyens de gymnastique locale. On peut faire un grand nombre de flexions avec les rênes seules. Nous nous contenterons d'en indiquer quelques-unes, les principales.

Flexions latérales de la Mâchoire et de l'Encolure. — Flexion à droite. — Se placer près de l'épaule gauche ; saisir avec la main droite la rêne droite de bride, et la tendre d'avant en arrière et obliquement, c'est-à-dire de droite à gauche. Simultanément, tendre d'arrière en avant et obliquement, c'est-à-dire de gauche à droite, la rêne gauche de filet tenue dans la main gauche. (Fig. 4.)

Dans ce jeu des rênes, celle de droite détermine, par l'appui du mors sur la barre, le pli de l'encolure à droite; celle de gauche empêche le cheval de reculer, lui fait ouvrir la bouche, accompagne le déplacement latéral de la tête et règle le pli.

Lorsque le pli que l'on voulait imprimer à l'encolure est déterminé, les deux mains restent fixes, jusqu'à ce que la décontraction de la mâchoire se produise. Dès que la décontraction est obtenue, on fait une cession de main, puis on reprend et, finalement, on replace la tête directe.

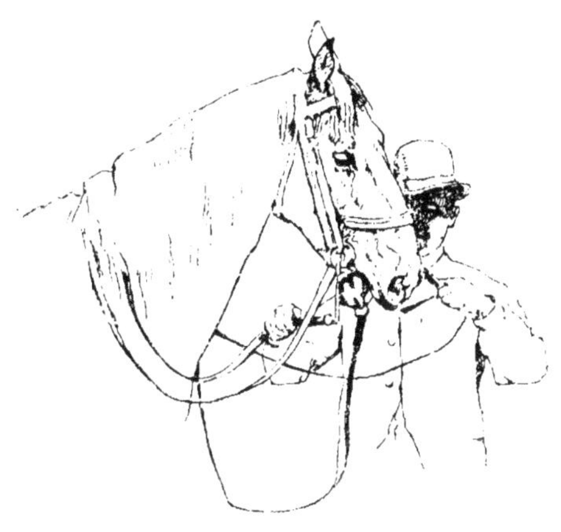

Fig. 4. — Flexion latérale de la Mâchoire et de l'Encolure, par Rênes seules.

La flexion latérale à gauche se fait d'après les mêmes principes et par des effets inverses.

Les flexions latérales se font également au moyen des rênes de mors, tendues en sens contraire, ou des quatre rênes, tendues : celles d'un côté dans un sens, celles du côté opposé dans l'autre.

Il va sans dire que la rêne de mors est toujours l'agent principal, toutes les fois que la flexion se fait au moyen d'une rêne de mors et d'une rêne de filet.

Flexions directes de la Mâchoire et de l'Encolure.

1° Flexion directe, par rêne gauche de filet, tendue directement en avant, et rêne gauche de mors, tendue directement en arrière;

2° Flexion directe, par rène gauche de filet, tendue directement en avant, et rène droite de mors, tendue directement en arrière;

3° Flexion directe, par rène droite de filet, tendue directement en avant, et rène droite de mors, tendue directement en arrière;

4° Flexion directe, par rène droite de filet, tendue directement en avant, et rène gauche de mors, tendue directement en arrière;

5° Flexion directe, par la tension directe et en avant des deux rènes de filet et la tension directe et en arrière des deux rènes de mors. (Fig. 5.)

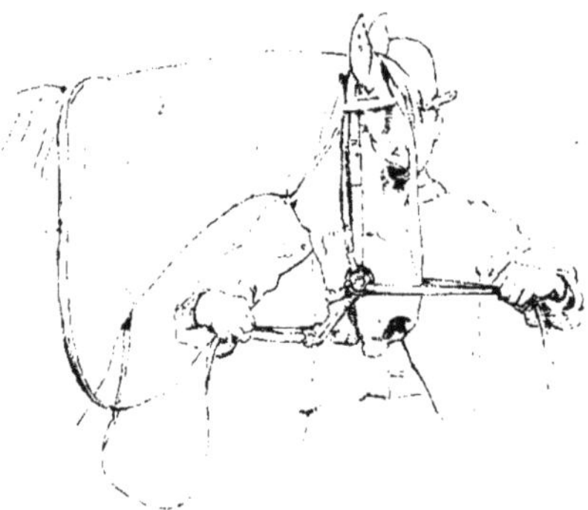

Fig. 5. — Flexion directe de la Mâchoire et de l'Encolure, par Rênes seules.

Ces divers modes d'assouplissement ont pour but de mobiliser la mâchoire, quels que soient les appuis du mors sur les barres.

Dans toutes ces flexions directes, on fera en sorte que la tension des rènes, faite en sens contraire, agisse le plus possible à angle droit sur la mâchoire du cheval.

Flexions d'abaissement et d'élévation. — Avec les chevaux qui ont de la difficulté à se ramener, on fera plus spécialement des flexions d'abaissement; au contraire, on emploiera les flexions d'élévation avec les chevaux qui s'encapuchonnent.

Les flexions d'abaissement se font indifféremment avec une rène de filet, une rène de mors et de filet ou les quatre rènes, tendues de haut en bas; celles d'élévation s'obtiennent au moyen des deux rènes de filet, tendues de bas en haut. Suivant le cas, on fera peu ou beaucoup de ce travail en place et sans cravache.

Les parties résistantes de l'encolure et de la mâchoire une fois assouplies, on reviendra aux exercices à pied par rênes et cravache.

Quant au temps que l'on doit consacrer à ces premiers assouplissements, avec ou sans cravache, il est impossible de le préciser. La durée des exercices sera toujours subordonnée aux progrès de l'animal. Généralement, quelques leçons suffisent pour le rendre léger et docile.

Une fois maître de la tête et de l'encolure, on passera aux assouplissements de l'arrière-main et de l'avant-main.

CHAPITRE II

TRAVAIL A PIED — ASSOUPLISSEMENT DE LA CROUPE ET DES ÉPAULES

Assouplissement de la croupe, par des pirouettes renversées, et des épaules, par des pirouettes à pivot mouvant et à pivot fixe.

'ASSOUPLISSEMENT de la croupe se fait au moyen de pirouettes renversées.

Il y a deux sortes de pirouettes renversées : celles à pivot mouvant et celles à pivot fixe.

On appelle pirouette renversée à pivot mouvant, une rotation du corps du cheval dans laquelle les membres postérieurs décrivent un cercle plus grand que les membres antérieurs.

Dans la pirouette renversée à pivot mouvant, l'antérieur du côté du mouvement fait des enjambées plus grandes que son congénère, et celui-ci progresse d'autant moins que l'évolution est plus parfaite. Quant aux enjambées des membres postérieurs, elles sont toujours de même étendue, parce que le membre du côté opposé au mouvement chevale complètement par dessus son congénère.

La pirouette renversée à pivot fixe est le tour complet fait par les membres postérieurs et l'un des membres antérieurs autour de l'autre membre antérieur tournant sur lui-même. Dans le langage usuel, le membre antérieur qui sert d'axe de rotation est appelé *pivot*.

Le membre antérieur gauche sert de pivot à la pirouette renversée à droite ; c'est le contraire, dans la pirouette renversée à gauche.

La pirouette renversée est parfaite, quand elle a pour axe ou pivot un membre antérieur.

L'assouplissement des épaules se fait au moyen de pirouettes.

Il y a deux sortes de pirouettes : la pirouette à pivot mouvant et la pirouette à pivot fixe.

La pirouette est le mouvement inverse du précédent. Celle à pivot mouvant consiste dans une rotation où les membres antérieurs décrivent un cercle plus grand que les membres postérieurs; celle à pivot fixe est le cercle complet fait par les membres antérieurs et l'un des membres postérieurs autour de l'autre membre postérieur tournant sur lui-même.

Le membre postérieur qui sert d'axe de rotation est appelé pivot.

La pirouette à gauche a pour pivot le pied postérieur gauche ; le pied postérieur droit sert de pivot à la pirouette à droite.

Dans les pirouettes, les enjambées des membres antérieurs ont constamment la même étendue, parce que celui de ces membres qui se trouve du côté opposé au mouvement chevale complètement par dessus son congénère.

Les pirouettes renversées et les pirouettes se font au milieu du manège. Sur la piste, on ne peut faire que des demi-pirouettes renversées ou des demi-pirouettes.

Les pirouettes renversées sont d'une exécution plus facile que les pirouettes, parce que le cheval, à cause de la surcharge naturelle de l'avant-main, a moins de peine à immobiliser un de ses membres antérieurs comme pivot.

Pirouettes renversées à pivot mouvant. — Les pirouettes renversées à pivot mouvant sont exécutées les premières; elles sont plus faciles que celles à pivot fixe; elles préparent le cheval à ces dernières.

En effet, les pirouettes renversées à pivot fixe ne peuvent s'obtenir que par un effet diagonal, ce qui est difficile, au début; au contraire, les pirouettes renversées à pivot mouvant peuvent être exécutées au moyen d'un effet latéral, direct ou diagonal.

Il y a donc dans ces dernières une progression toute indiquée, un acheminement logique aux pirouettes renversées avec fixité d'un membre antérieur.

Les pirouettes renversées à pivot mouvant s'obtiennent: 1° par un effet latéral, c'est-à-dire par rênes et cravache du côté opposé au déplacement latéral de la croupe;

2° par un effet direct, c'est-à-dire par une égale tension des rênes, maintenant la tête directe, et par l'application de la cravache sur le flanc opposé au déplacement latéral;

3° par un effet diagonal, c'est-à-dire par une tension plus marquée des rênes droites et l'application de la cravache sur le flanc gauche, si l'on veut produire un effet diagonal droit, et un jeu des aides contraire, si l'on veut obtenir un effet diagonal gauche.

Pour mobiliser la croupe par l'effet latéral gauche, on prend les rênes gauches dans la main gauche et les rênes droites et la cravache dans la main droite. Les rênes gauches sont plus tendues que les droites, pour tourner légèrement le bout du nez à gauche, ce qui oppose l'épaule gauche à la hanche gauche et prépare le déplacement de la croupe à droite; les rênes droites passées par dessus l'encolure, près du garrot, agissent suffisamment sur le côté droit de la mâchoire pour empêcher un pli trop prononcé de l'encolure à gauche; le jeu de la cravache sur le flanc gauche détermine le déplacement de la croupe de gauche à droite, lequel est déjà préparé par l'opposition de l'épaule à la hanche.

Le jeu des aides est inverse dans le déplacement de la croupe de droite à gauche.

On mobilise la croupe par un effet direct, en tenant les quatre rênes dans une main, non loin de la bouche, et la cravache dans l'autre main.

On tient les quatre rênes également ajustées dans la main gauche et la cravache dans la main droite, pour faire fuir la croupe à droite.

On fait l'inverse pour faire fuir la croupe à gauche.

Dans l'effet direct, l'extrémité des rênes repose sur le milieu de l'encolure ; celles de droite pendent à droite, celles de gauche, à gauche.

On mobilise la croupe par l'effet diagonal droit, en tenant les rênes gauches dans la main gauche, non loin de la bouche, et les rênes droites et la cravache dans la main droite. Les rênes droites, passées par dessus l'encolure, près du garrot, sont plus tendues que les rênes gauches, pour tourner le bout du nez vers la droite, et la cravache est appliquée sur le flanc gauche, pour faire fuir la croupe à droite.

La mobilisation de la croupe par l'effet diagonal gauche s'obtient par des moyens inverses.

Dans ces premiers déplacements latéraux et circulaires de la croupe, sans fixité du pivot, le jeu de la cravache doit toujours être subordonné aux appuis des membres antérieurs.

Dans le déplacement de gauche à droite, la cravache est appliquée sur le flanc gauche toutes les fois que le membre antérieur gauche tombe à l'appui. Dans le déplacement de droite à gauche, c'est le contraire qui a lieu.

Dès que la croupe se déplace avec facilité, le jeu de la cravache devient moins sévère : il suffit de diriger celle-ci vers le flanc, sans le toucher, pour entretenir le mouvement. Ce n'est

que dans le cas où la rotation se ralentit ou s'arrête que le jeu de la cravache sur le flanc recommence.

Dans ces premiers déplacements latéraux et circulaires, il n'est pas mauvais de dire à l'animal, en dirigeant la cravache du côté du flanc : *Tourne! tourne!*

Il s'habitue rapidement à mobiliser sa croupe à cette seule indication, sans qu'il soit nécessaire de le toucher avec la cravache.

Comme nous l'avons dit, on ne s'occupera pas encore, dans ces premiers déplacements de la croupe, de fixer un membre antérieur comme pivot. Toutefois, dès que la croupe se déplacera facilement par l'effet diagonal, on s'apercevra que les membres antérieurs décrivent un cercle de plus en plus petit.

Ce rétrécissement du cercle est la conséquence obligée de l'effet diagonal. En effet, celui-ci amenant un léger pli de l'encolure, rejette le poids du corps sur le diagonal opposé au côté du pli. Il en résulte que le membre antérieur gauche ou droit, se trouvant surchargé, à la suite d'un effet diagonal droit ou gauche, tend à s'immobiliser davantage.

La mobilisation de la croupe par des effets diagonaux devra donc immédiatement précéder les pirouettes renversées à pivot fixe.

Pirouettes renversées à pivot fixe. — Les exercices précédents ayant préparé le cheval à immobiliser un membre antérieur, on exécute les premières pirouettes renversées à pivot fixe.

Pour faire une pirouette renversée à pivot fixe, à droite, on amène le cheval au milieu du manège et on se place près de son épaule gauche. Dans la main gauche, on prend les rênes gauches, non loin de la bouche, et dans la main droite, les rênes droites, passées par dessus l'encolure, près du garrot, ainsi que la cravache. Après avoir préalablement exigé la mise en main par un effet diagonal droit, on cherche à obtenir, par le même effet, le déplacement de la croupe à droite, avec immobilité du membre antérieur gauche.

Le jeu de la cravache sur le flanc gauche est subordonné à l'obéissance du cheval.

Dans les pirouettes renversées, le jeu des rênes est complexe.

Dans la pirouette renversée à droite, la tension plus marquée des rênes droites place le bout du nez à droite, ce qui s'appelle : *donner le pli à droite;* par suite, elle surcharge le membre antérieur gauche et contribue à l'immobiliser.

Fig. 6. — Pirouette renversée de droite à gauche, le cavalier se tenant à gauche.

Quant aux rênes gauches, elles servent :

1o à régler le pli ;

2o à maintenir le cheval en place, en s'opposant à un mouvement progressif ou rétrograde ;

3o à faire un effet latéral gauche, quand la croupe tourne difficilement à droite.

Les pirouettes renversées à gauche, avec immobilité du membre antérieur droit, s'exécutent d'après les mêmes principes, en se plaçant près de l'épaule droite et en appliquant la cravache sur le flanc droit.

La pirouette renversée de droite à gauche, avec immobilité du membre antérieur droit, peut également se faire, le cavalier se tenant à gauche. Dans ce cas, la main gauche donne le pli à gauche, tandis que la main droite, passée par dessus l'encolure, près du garrot, et tenant les rênes droites et la cravache, provoque par le jeu de celle-ci sur le flanc droit le mouvement de rotation de droite à gauche. (Fig. 6.)

Le cheval ayant une tendance naturelle à fuir l'homme, on rencontre, au début de ce dernier travail, une résistance parfois très grande. On combat cette résistance, en employant exclusivement l'effet latéral, pour commencer. On ne recherche la fixité du pivot que lorsque la croupe se déplace facilement par l'effet diagonal.

On fait également des pirouettes renversées, de gauche à droite, en se plaçant à droite.

Il est indispensable d'exercer le cheval à ce genre de pirouettes renversées. Elles ont le grand avantage de l'habituer à ne pas fuir l'homme et de rendre facile le redressement de la croupe, lorsque celle-ci se jette de côté pendant le travail au milieu du manège.

Pirouettes à Pivot mouvant. — Les pirouettes sans fixité du membre postérieur servant de pivot sont exécutées les premières.

Pour faire une pirouette à droite, on se place près de l'épaule gauche du cheval. Dans la main gauche, on tient les rênes gauches, non loin de la bouche, et dans la main droite, les rênes droites, passées par dessus l'encolure, et la cravache. (Fig. 7.)

Les rênes droites, tendues d'avant en arrière, donnent le pli à droite, mais sans exagération, pour ne pas trop surcharger l'épaule gauche; les rênes gauches poussent la tête et l'encolure dans la même direction et déterminent le déplacement des épaules. Le cavalier accompagne le mouvement en marchant.

Mais, si ces effets font tourner les épaules à droite, ils provoquent également le déplacement de la croupe à gauche, parce qu'ils opposent l'épaule droite à la hanche droite.

Dès que, dans une pirouette à droite, ce déplacement de la croupe se produit, on s'y oppose en appliquant immédiatement la cravache sur le flanc et la hanche gauches. A ce contact, le cheval, qui a été précédemment habitué à fuir la cravache dans les pirouettes renversées, mobilise sa croupe à droite; mais, l'action de la main primant à ce moment celle de la cravache, les membres antérieurs décrivent un cercle beaucoup plus grand que les membres postérieurs. Le chevaler du membre antérieur gauche est très prononcé, celui du membre postérieur l'est peu. Progressivement,

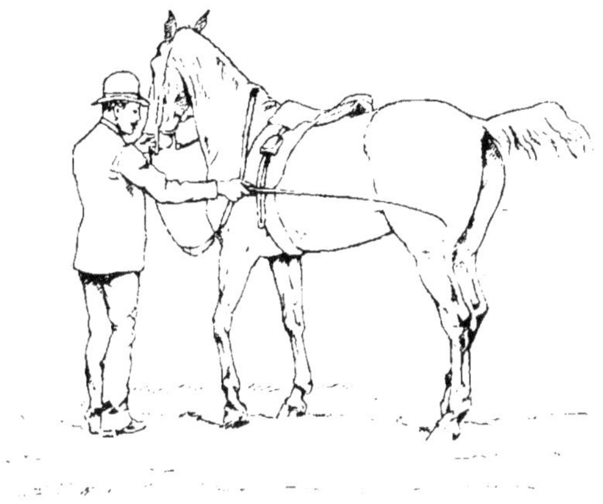

Fig. 7. — Pirouette à pivot mouvant, à droite.

sous l'effet diagonal droit produit par le jeu des rênes et de la cravache, le cercle décrit par les membres postérieurs se rétréci. Lorsque le cercle paraît suffisamment étroit, on exige l'immobilité du membre postérieur droit, c'est-à-dire la pirouette à pivot fixe, à droite.

La pirouette à pivot mouvant et à gauche se fait d'après les mêmes principes, le cavalier se tenant à droite.

Pirouettes à pivot fixe. — Pour exécuter une pirouette à pivot fixe à droite, se placer près de l'épaule gauche, tenir les rênes gauches dans la main gauche et les rênes droites et la cravache dans la main droite.

Les rênes droites passées par dessus l'encolure, près du garrot, donnent le pli à droite; les rênes gauches secondent le déplacement de l'avant-main.

L'avant-main déplacé, on applique immédiatement la cravache sur le flanc gauche, de manière à immobiliser la croupe. Si, cet effet étant insuffisant, la croupe se déplace à gauche, le jeu de la cravache devient plus sévère; celle-ci est appliquée sur la cuisse, ce qui augmente la puissance de son action. On a soin d'arrêter le mouvement, de cesser tous les effets et de caresser le cheval, toutes les fois qu'on obtient un ou deux pas bien exécutés. Insensiblement, au contact persistant de la cravache, le membre postérieur, qui se trouve du côté du mouvement, s'immobilise.

Dès que le pivot reste fixe, on s'efforce d'obtenir par le jeu de la cravache sur le flanc, tout à la fois l'immobilité du membre postérieur et la mise en main.

On emploie des moyens inverses pour la pirouette à gauche.

On aura soin d'exercer davantage le côté qui présentera le plus de résistance.

Pendant toute la durée de ces assouplissements en place, le cheval, après chaque leçon, sera promené à la main ou en cercle, à la longe, pour qu'il puisse dépenser sa vigueur. S'il supporte facilement le cavalier, on pourra également le monter au pas et au trot. Dans ces derniers exercices, on n'exigera de lui qu'une chose : qu'il marche droit devant lui, la tête directe.

CHAPITRE III

TRAVAIL A PIED — DU RECULER

Assouplissement des reins : reculer. Confirmation du travail à la cravache.

ssouplissement des reins : reculer. — L'assouplissement des reins se fait par le reculer. Le reculer est un mouvement en deux temps et en diagonale. Il a pour effet de rendre flexible la partie postérieure de la colonne vertébrale.

Pour que le cheval recule régulièrement, il faut qu'il se trouve dans un équilibre tel, que ses membres postérieurs se lèvent avec la même facilité que ses membres antérieurs. Il est donc nécessaire qu'il soit ramené et en main. En effet, quand le cheval est dans cette attitude, ses barres se trouvent à la hauteur des centres de mouvement, ce qui permet à la main de déterminer une impulsion rétrograde et horizontale qui n'amène jamais l'acculement.

Si, au contraire, on provoque le reculer par une élévation de la tête, l'effet de main agit plus spécialement sur l'arrière-main qu'il surcharge, ce qui s'oppose au lever facile des membres postérieurs. Cette surcharge, quand elle est exagérée, produit l'acculement et, parfois même, la cabrade.

On évitera l'élévation de la tête en se servant exclusivement des rênes de bride.

Dans le reculer, les rênes ne doivent pas être également tendues, par la raison bien simple que les diagonaux reculent l'un après l'autre et non tous les deux à la fois. L'action de la rêne droite doit être prédominante, quand on veut faire reculer le diagonal droit; il faut faire primer l'action de la rêne gauche, pour agir sur le diagonal gauche. Il en résulte que les effets de rênes doivent être obliques et successifs.

Pour obtenir la marche rétrograde, on s'y prend de la façon suivante :

D'abord, on met le cheval sur la piste et à main gauche : sur la piste, pour n'avoir à s'occuper du déplacement de la croupe que d'un côté; à main gauche, parce que le jeu des aides est plus facile à cette main.

Le cheval étant sur la piste, on se place ensuite près de son épaule gauche. Dans la main gauche, on tient les rênes gauches, non loin de la bouche, et dans la main droite, la rêne droite de bride, passée par dessus l'encolure, près du garrot, et la cravache. La pointe de celle-ci est dirigée vers la croupe.

Les rênes et la cravache étant tenues de la sorte, on provoque la mise en main par une égale tension des rênes de mors et l'application de la cravache sur les reins ou le sommet de la croupe.

La mise en main obtenue, on peut, si le cheval est en station régulière, faire reculer indistinctement l'un ou l'autre des diagonaux; mais, si la station est irrégulière et qu'un des membres antérieurs soit en avant de son congénère, c'est le diagonal auquel appartiendra le membre le plus avancé qu'on fera reculer le premier.

Pour faire reculer le diagonal droit, que le cheval soit ou non en station régulière, on tend davantage et obliquement la rêne droite de bride et l'on frappe légèrement le sommet de la hanche gauche avec la cravache. La tension plus marquée de la rêne droite tourne le bout du nez légèrement à droite et surcharge le diagonal gauche, ce qui facilite le lever du diagonal droit; l'effet simultané de la cravache sur la hanche gauche fait lever le pied postérieur gauche en même temps que le membre antérieur droit, ce qui donne un mouvement en deux temps et en diagonale.

On fait reculer le diagonal gauche par des moyens inverses,

Fig. 8. — Reculer. On touche de la cravache la hanche gauche, au moment de chaque appui du membre antérieur gauche.

c'est-à-dire en tendant davantage la rêne gauche et en appliquant la cravache sur le sommet de la hanche droite.

Dès qu'un diagonal a reculé, on fait reculer l'autre, après un léger temps d'arrêt, suivi d'un changement d'effets.

Lorsque le cheval recule facilement de la sorte, les effets diagonaux sont moins marqués, puis supprimés, comme le temps d'arrêt, et remplacés exclusivement par un appui égal et léger du mors sur les barres. Quant à la cravache, son jeu reste subordonné aux appuis des membres antérieurs.

On touche de la cravache la hanche droite, au moment de chaque appui du membre antérieur droit, et la hanche gauche, au moment de chaque appui du membre antérieur gauche. (Fig. 8.)

Le reculer est parfait, lorsqu'il se fait en deux temps et sans acculement. L'acculement ne se produit jamais, quand le cheval est en main.

Il arrive parfois, dans les commencements, que les deux pieds d'un diagonal ne se lèvent pas en même temps et que le lever du membre antérieur précède celui du membre postérieur. Ce reculer, en quatre temps, est défectueux. Il est un indice de souffrance ou d'acculement.

Le moyen le meilleur de remédier à ce défaut, consiste à mobiliser souvent et en place le même diagonal, sans que l'autre bouge. Dans cet exercice, qui se fait au moyen des rênes seules, la tête du cheval est simplement dans la position du ramener, lorsque l'exécution régulière du mouvement offre peu de difficultés; elle est maintenue plus basse, lorsque l'irrégularité persiste.

Pour mobiliser ainsi un diagonal, on fait face au cheval, en tenant les rênes gauches dans la main droite et les rênes droites dans la main gauche. L'index de chaque main est placé entre les deux rênes, de dessus en dessous.

Si, les rênes ainsi tenues, on veut mobiliser le diagonal droit, on fait avec la main gauche, d'avant en arrière, une tension plus marquée de la rêne droite de bride jusqu'à ce que le mouvement rétrograde soit obtenu. Quant à la rêne gauche, elle reste suffisamment en contact avec la barre gauche, pour empêcher un pli trop prononcé de l'encolure à droite.

Dès que, par la tension plus marquée de la rêne droite, le diagonal droit a reculé, on arrête le mouvement rétrograde, en cessant l'effet qui l'avait provoqué et, au besoin, en tendant légèrement les deux rênes de filet, d'arrière en avant. Le mouvement arrêté, on laisse un instant le cheval dans la nouvelle attitude, puis l'on fait avancer le même diagonal, en tirant à soi les rênes de filet. Dans le mouvement en avant, les deux membres du diagonal marquent toujours deux temps : l'antérieur tombe à l'appui avant le postérieur. Lorsque le diagonal droit s'est reporté en avant, on arrête le mouvement progressif en faisant une légère pression du mors sur la barre droite.

On fait également avancer et reculer plusieurs fois de suite le diagonal gauche, d'après les mêmes principes et par des effets inverses.

Ce travail a l'avantage, tout en exerçant les deux membres d'un diagonal à reculer en même temps, d'assouplir le cheval, de le rendre attentif, de l'habituer au calme et à l'obéissance.

Lorsque le cheval recule facilement, on le porte souvent en avant[1], souvent en arrière, et on l'arrête instantanément dans sa marche, progressive ou rétrograde, par la pression de la partie forte de la cravache au passage des sangles. L'action de la cravache doit être subordonnée au degré de sensibilité de l'animal.

Après chaque arrêt, on s'efforce d'engager les membres postérieurs en avant de leurs centres de mouvement. On engage ces membres, en touchant leurs canons avec la cravache et en tenant la main fixe, pour immobiliser les membres antérieurs. On obtient ainsi un commencement de rassembler. La tête du cheval doit être ramenée, pour faciliter l'engagement des membres postérieurs. Ceux-ci engagés, on donne du repos à l'animal, en lui permettant de s'étendre par devant, c'est-à-dire de régulariser sa base de sustentation, en avançant les membres antérieurs.

Dès que le reculer s'exécute facilement au moyen des rênes et de la cravache, on supprime le jeu de celle-ci sur le sommet des hanches.

Pour reculer de la sorte, à main gauche, on prend, après avoir fait face au cheval, les quatre rênes dans la main gauche et la cravache dans la main droite, et l'on provoque le mouvement en

1. On porte le cheval en avant, par la tension d'arrière en avant de la rêne de filet qui se trouve du côté de la main à laquelle on marche, et par l'application de la cravache sur le flanc.

arrière par une légère pression du mors sur les barres. L'impulsion rétrograde une fois déterminée, le cavalier avance le pied droit dans la direction du sabot gauche, au moment de l'appui du membre antérieur droit, et le pied gauche dans la direction du sabot droit, au moment de l'appui du membre antérieur gauche, exactement comme s'il voulait marcher sur les pieds de l'animal.

On s'oppose au déplacement de la croupe, en dirigeant la cravache dans la direction du flanc gauche et en l'appliquant sur lui, au besoin.

Quand on travaille à main droite, on tient les quatre rênes dans la main droite et la cravache dans la main gauche.

La marche rétrograde s'obtient très facilement de la sorte; elle est, de plus, très simple à régler; il suffit, pour la précipiter ou la ralentir, d'avancer vivement ou lentement le pied dans la direction du sabot qui va quitter terre.

La question du reculer a été le sujet de bien des controverses.

Les uns ont soutenu que le mouvement commençait par le lever d'un membre antérieur, et les autres, par celui d'un postérieur.

Pour couper court à toute discussion, nous dirons que, chaque fois que le cheval est en station régulière, le reculer correct se fait par le lever simultané des deux membres d'un diagonal, et qu'au contraire, il est entamé par un membre antérieur ou postérieur, selon que le cheval est campé ou rassemblé.

Dans ces deux derniers cas, du reste, il ne peut en être autrement. En effet, dans la station campée, le cheval est obligé de lever d'abord un membre antérieur, attendu qu'il lui est impossible de porter plus en arrière un de ses membres postérieurs; et, dans dans la station rassemblée, il doit, sous peine de perdre son équilibre, étayer préalablement sa masse avec un membre postérieur. Mais, dans l'un et l'autre cas, le cheval n'aura pas encore commencé à reculer : il aura simplement rectifié sa base de sustentation, de manière à pouvoir exécuter régulièrement le mouvement. Ce sera simplement la préparation au reculer, un *prépart*, selon l'expression de M. le commandant Bonnal.

Confirmation du travail à la cravache. — Lorsque les exercices à la cravache s'exécutent facilement dans le silence du manège, il est nécessaire de les répéter dans des conditions moins favorables, au milieu du bruit, par exemple. C'est ainsi qu'on

Fig. 9. — Arrêt et immobilisation par l'application de la Cravache au passage des Sangles.

arrive à obtenir une soumission complète. En effet, le cheval n'est réellement discipliné que lorsqu'il prête plus d'attention au jeu de la cravache qu'aux causes extérieures de nature à l'impressionner.

Les premières marques d'obéissance étant donc obtenues, on répètera les principaux assouplissements au milieu du bruit. Ce bruit sera fait dans le manège ou hors du manège, contre la porte duquel un aide frappera, par exemple. Toutes les fois que, pendant le travail, le cheval, effrayé, lèvera la tête de lui-même et se soustraira à la mise en main, ou, pour parler plus techniquement, *sortira de la main,* on le frappera de la cravache sur le flanc gauche, si l'on travaille avec le pli à droite, et sur le flanc droit, si le pli est à gauche. Le jeu de la cravache sera assez sévère pour réduire le cheval à l'obéissance, mais non violent au point de l'affoler; il durera jusqu'à ce que le calme soit rétabli et la mise en main obtenue. Simultanément, tout en conservant le pli, on tendra suffisamment les rênes pour obtenir l'immobilité. A toute marque d'obéissance, on cessera tous les effets et l'on caressera.

Lorsqu'on travaillera, la tête directe, les rênes de bride seront également tendues et la cravache sera appliquée énergiquement au passage des sangles, à tout mouvement de frayeur. (Fig. 9.) Ce jeu des aides persistera jusqu'à l'obtention de l'obéissance et de l'arrêt.

C'est seulement par l'application énergique de la cravache au passage des sangles qu'on immobilise et qu'on renferme le cheval, dans les exercices à pied. Il faudra donc, toutes les fois qu'il se produira du désordre pendant ces exercices, recourir immédiatement à ce moyen de domination.

L'obéissance une fois confirmée dans le travail en place, on commencera les assouplissements en marchant au pas.

CHAPITRE IV

TRAVAIL A PIED — EXERCICES AU PAS D'UNE ET DE DEUX PISTES

xercices au pas d'une piste. — Les assouplissements en marchant présentent de plus grandes difficultés que les assouplissements en place. Dès que le cheval se porte en avant, au pas, il sort généralement de la main, et le contact de la cravache sur les reins, qui a pour but de provoquer la mise en main, ne sert tout d'abord qu'à activer le mouvement en avant. Il y a même des chevaux qui tirent à la main au point d'en arracher les rênes. Aussi, le travail en marchant demande-t-il beaucoup de tact et de patience.

Les assouplissements en marchant se commencent sur la piste, le long du mur, pour n'avoir à s'occuper du déplacement de la croupe que d'un seul côté.

Le cheval une fois sur la piste, sur un des grands côtés du manège, à main gauche, par exemple, on se place près de son épaule gauche en tenant avec la main gauche les rênes gauches, non loin de la bouche, et avec la main droite les rênes droites, passées par dessus l'encolure, près du garrot, et la cravache.

Les rênes et la cravache ainsi tenues, on exige préalablement la mise en main, au repos, puis l'on provoque le mouvement en avant par une légère tension, d'arrière en avant, de la rêne gauche de filet et l'application de la cravache sur le flanc gauche, un peu en arrière. Sous ces deux actions, le cheval se porte immédiatement en avant. Il le fait avec plus ou moins d'énergie, suivant son degré de sensibilité, et, généralement, pour ne pas dire toujours, il sort de la main.

A ce moment, la cravache, précédemment en contact avec le flanc, doit être déplacée et appliquée sur les reins, pour paralyser l'impulsion et provoquer la mise en main. (Fig. 10.)

Fig. 10. — Mise en main en marchant au Pas, par Rênes et Cravache.

Simultanément, les rênes sont tendues de manière à agir : la rêne droite de mors, sur la barre droite et directement; la rêne gauche, sur la barre gauche et obliquement, c'est-à-dire plus spécialement de haut en bas, ce qui contribue à abaisser la tête et, par suite, à donner la mise en main.

Ces effets de rênes et de cravache doivent persister, jusqu'à ce que la résistance soit annulée et la mâchoire décontractée.

Cette décontraction de la mâchoire amène inévitablement celle de l'encolure, parce que la résistance ou la souplesse de celle-ci est toujours subordonnée à la résistance ou à la souplesse de celle-là; tel, notre bras se contracte ou se décontracte, selon que nous fermons la main avec force ou que nous remuons les doigts.

Il semble étonnant, au premier abord, que le jeu de la cravache sur les reins paralyse l'impulsion et amène la décontraction. Ces résultats sont pourtant rationnels. En effet, la cravache, par son application sur les reins, provoque deux effets : d'abord, une tendance au soulèvement de la croupe, ensuite, l'engagement des membres postérieurs.

Or, le soulèvement de la croupe, surchargeant l'avant-main, fixe davantage au sol les membres antérieurs, ce qui arrête l'impulsion ; et un engagement plus ou moins prononcé des membres postérieurs, nécessitant l'abaissement de la tête et de l'encolure, provoque le ramener et la mise en main.

On aura donc soin, toutes les fois qu'il se produira du désordre pendant la marche, d'agir sur la croupe avec la cravache. Si cette action est insuffisante, on provoquera l'arrêt par l'application énergique de la cravache au passage des sangles et la tension simultanée et égale des rênes de mors. L'arrêt obtenu, on exigera immédiatement quelques pas de reculer, en guise de punition, car la marche rétrograde est pénible à l'animal.

C'est en alternant fréquemment la marche en avant avec la marche en arrière qu'on obtient le calme au pas. En effet, le cheval ne tarde pas à comprendre que le reculer est un châtiment infligé toutes les fois qu'il se produit du désordre pendant la marche, et, pour s'y soustraire, il ne tarde pas à travailler avec calme.

Dans le travail au pas, on doit habituer le cheval à marcher tantôt la tête droite, tantôt l'encolure légèrement fléchie à droite ou à gauche.

Baucher, pour porter le cheval en avant, recommandait l'emploi de la cravache sur le poitrail. Il nous semble plus rationnel d'obtenir l'impulsion par l'application de la cravache sur le flanc, à la place qu'occupera plus tard la jambe du cavalier. Néanmoins, comme dans certains cas, celui où le cheval tire au renard, par exemple, il peut être avantageux de provoquer le mouvement en avant par l'application de la cravache sur le poitrail, nous croyons qu'il est nécessaire d'habituer le cheval à obéir à cette indication.

Pour déterminer le mouvement en avant par le jeu de la cravache sur le poitrail, on s'y prend de la façon suivante :

Le cheval étant sur la piste, à main gauche, on saisit avec la main gauche les quatre rênes, non loin de la bouche, et l'on tient dans la main droite la cravache, la pointe en bas. Celle-ci est ensuite élevée, sans brusquerie, jusqu'à la hauteur du poitrail que l'on frappe à coups légers et répétés. Ce contact de la cravache surprend d'abord l'animal; il recule, pour s'y soustraire. A ce moment, on tend légèrement, d'arrière en avant, les quatre rênes et l'on accompagne en marchant le mouvement rétrograde, tout en continuant le jeu de la cravache, sans plus de force. Bientôt, comprenant qu'il ne peut se soustraire par le reculer à la contrainte qui lui est imposée, le cheval essaie du mouvement contraire : il se porte en avant. C'est cet instant qu'il faut saisir pour cesser tous les effets et caresser. Après quelques exercices de ce genre, le cheval se portera de lui-même en avant, dès qu'on dirigera la cravache du côté de son poitrail.

Exercices au Pas de deux pistes. — Si, en liberté, le cheval marche seulement sur des lignes droites ou courbes, il est nécessaire, pour les besoins de son cavalier, qu'il apprenne à marcher de côté. Le cavalier militaire a besoin d'appuyer dans le rang, pour reprendre son intervalle ; l'homme de cheval peut, à une allure vive, éviter un obstacle imprévu, si sa monture sait appuyer.

Lorsque le cheval marche de côté, on dit qu'il va de deux pistes, parce que, dans ce mouvement, les membres postérieurs forment une autre piste que les antérieurs. Dans tous les autres cas, on dit que le cheval va d'une piste, parce que les membres postérieurs passent sur le même terrain que les antérieurs.

Les termes *d'appuyer*, *donner des hanches*, *chevaucher*, *chevaler*, sont indistinctement usités pour désigner la marche de côté.

La marche de côté devra se commencer sur une ligne parallèle aux grands côtés du manège, sur laquelle le cheval avancera beaucoup plus qu'il n'appuiera. Lorsque ce mouvement s'exécutera bien en avançant, on le répétera, croupe au mur, c'est-à-dire sur une ligne où le cheval marchera exclusivement de côté.

Pour appuyer en avançant, il n'est pas nécessaire de placer le cheval dans une position oblique; au contraire, l'obliquité est de rigueur, quand la marche se fait exclusivement de côté.

L'obliquité n'étant pas nécessaire dans les appuyers en avançant, on aura avantage à provoquer les premiers pas de côté au moyen d'un léger effet latéral. Par cet effet, les déplacements latéraux seront plus facilement obtenus, parce que l'opposition d'une épaule à la hanche du même côté agit très efficacement sur la croupe. Plus tard, quand celle-ci se déplacera sans effort, on ne se servira que de l'effet diagonal, le plus rationnel, parce que le cheval doit tourner sa tête du côté où il se dirige.

Pour obtenir les premiers pas de côté à droite, par l'effet latéral gauche, on s'y prend de la manière suivante :

Le cheval étant amené au milieu du manège et placé droit, parallèlement aux grands côtés, on se met près de son épaule gauche, en regardant dans la direction de la croupe. Avec la main gauche, on prend les rênes gauches, et dans la main droite on tient les rênes droites, passées par dessus l'encolure, ainsi que la cravache, dont on dirige la pointe vers le flanc gauche.

Les rênes et la cravache ainsi tenues, on porte le cheval en avant, en tendant légèrement, d'arrière en avant, la rêne gauche de filet. On accompagne le mouvement, en marchant soi-même à reculons. Le cheval étant au pas, on provoque les premiers appuyers à droite, au moyen de l'effet latéral gauche. Cet effet consiste dans une pression un peu plus marquée du mors sur la barre gauche et l'application de la cravache sur le flanc gauche. Il ne doit se produire qu'au moment de chaque appui du membre antérieur gauche, parce que c'est à ce moment seul que le membre antérieur droit peut s'étendre de côté et que le chevaler du membre postérieur gauche peut être utilement provoqué.

Dans le cas où l'effet latéral est insuffisant pour déterminer le mouvement de côté, il n'est pas mauvais d'y aider, en appuyant avec la main droite sur l'épaule gauche du cheval.

On obtient les premiers pas de côté à gauche, en se plaçant à droite et en subordonnant le jeu de la main et de la cravache aux appuis successifs du membre antérieur droit.

Dans ces mouvements d'appuyer par l'effet latéral, le jeu des rênes est complexe. Dans l'appuyer à droite, la rêne gauche de filet sert, soit à provoquer l'impulsion, soit à empêcher un mouvement de recul, par une tension d'arrière en avant; la rêne gauche de bride sert, par la légère pression qu'elle exerce sur la barre gauche, à produire avec la cravache, appliquée sur le flanc gauche, l'effet latéral gauche; le jeu des rênes droites a pour but d'empêcher un pli trop prononcé de l'encolure à gauche.

Dans l'appuyer à gauche, par l'effet latéral droit, le jeu des aides est inverse.

Au fur et à mesure des progrès, le mouvement de côté est plus marqué que le mouvement en avant. Par suite, le cheval est placé plus obliquement, et l'effet latéral est remplacé par l'effet diagonal.

Lorsque le chevaler s'exécute facilement par ce dernier effet, on met le cheval croupe au mur et l'on marche exclusivement de côté.

L'obliquité, nous ne saurions trop le répéter, est de toute nécessité dans le mouvement exclusivement de côté; si on ne l'observe pas, le cheval se heurte les sabots et les membres antérieurs.

L'appuyer par croupe au mur, à cause de l'obliquité qu'il

nécessite, ne peut régulièrement se faire que par l'effet diagonal. Toutefois, quand la croupe résistera, on reviendra à l'effet latéral. Comme précédemment, la marche de côté, de gauche à droite, sera entretenue par le jeu de la cravache sur le flanc gauche, au moment de tous les appuis successifs du membre antérieur gauche. (Fig. 11.) On fera l'inverse pour chevaler de droite à gauche.

Fig. 11. — Appuyer par croupe au mur, de gauche à droite. La Cravache est appliquée sur le flanc gauche au moment de chaque appui du Membre antérieur gauche.

Lorsque, dans un mouvement d'appuyer, la croupe *se traverse* c'est-à-dire précède les épaules, il faut arrêter le mouvement et ne le recommencer qu'après avoir replacé le cheval dans une position oblique.

Dans l'appuyer par croupe au mur, on doit, en arrivant dans un coin, ralentir l'avant-main et accélérer l'arrière-main, jusqu'à ce que l'obliquité nécessaire au mouvement soit rétablie.

Ce n'est que lorsque les mouvements de côté s'exécutent facilement avec le pli et la mise en main, que l'on demande les premiers temps de rassembler.

CHAPITRE V

TRAVAIL A PIED — DU RASSEMBLER

Des divers rassemblers : Rassembler de pied ferme; rassembler en marchant au pas; petit trot ralenti; passage; piaffer.

es divers rassemblers. — Arrivé à ce degré d'instruction, le cheval est absolument prêt à être monté. Si nous parlons dès maintenant du rassembler, c'est que le rassembler a sa place immédiatement marquée après les mouvements d'appuyer. Mais il ne faudrait pas en conclure qu'il soit nécessaire de mettre le cheval au rassembler et à la cadence, avant de le monter. Tous les airs de manège qui nécessitent l'engagement des membres postérieurs et le soulèvement de la croupe sont trop difficiles à obtenir, pour y soumettre un cheval dans les débuts du dressage. Si certains chevaux, d'une organisation exceptionnelle, se mettent de suite à ces airs, les autres n'arrivent à les exécuter que plus tard, après quelques mois de dressage, généralement.

Nous allons donc donner, dès maintenant, les principes du rassembler, en recommandant de ne pas exiger, tout d'abord, les airs de manège qui demandent un grand engagement des membres postérieurs.

Il y a divers rassemblers : le rassembler de pied ferme et le rassembler en marchant au pas, au trot et au galop.

Dans le travail à pied et à la cravache, nous ne nous occuperons que du rassembler de pied ferme et du rassembler en marchant au pas.

Le rassembler de pied ferme consiste dans l'engagement des membres postérieurs en avant de leur ligne d'aplomb[1], le cheval étant en main.

Le rassembler en marchant au pas consiste dans le passage du pas à un petit trot, à petites bases, aussi lent que le pas. Il se fait donc par la transition d'une allure en quatre temps à une allure en deux temps.

Ce changement d'allure s'obtient par le jeu de la cravache sur le sommet de la croupe. Nous en donnerons la raison plus loin.

A pied, le rassembler de pied ferme est plus facile que le rassembler en marchant au pas; quand le cheval est monté, c'est l'inverse. Dans le travail à pied, le rassembler en place précédera donc toujours le rassembler en marchant.

On demande les premiers temps de rassembler sur la piste et non au milieu du manège, pour n'avoir à s'occuper du déplacement de la croupe que d'un seul côté.

Rassembler de pied ferme. — Le cheval étant sur la piste, à main gauche, on se place près de l'épaule gauche et l'on provoque d'abord la mise en main, pour faciliter l'engagement des membres postérieurs. La mise en main s'obtient en faisant porter légèrement le mors sur les deux barres et en appliquant la cravache sur le sommet de la croupe.

1. Il faut entendre ici par ligne d'aplomb, la verticale abaissée du centre de mouvement de la hanche.

La mise en main obtenue, on engage les postérieurs, en touchant alternativement avec la cravache le sommet de chaque hanche et en faisant porter le mors sur les barres.

Le jeu de la cravache sur le sommet des hanches doit toujours être subordonné à l'éloignement des membres postérieurs : la cravache est appliquée sur le sommet de la hanche droite, quand le membre postérieur droit est plus en arrière que le gauche, et sur le sommet de la hanche gauche, dans le cas contraire.

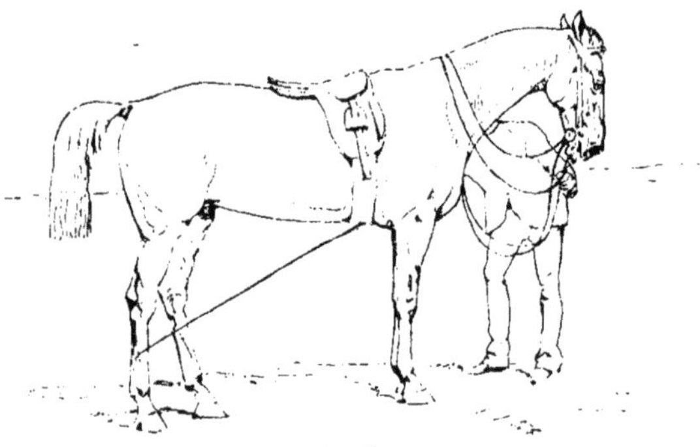

Fig. 12. — Rassembler de pied ferme. Engagement des membres postérieurs par le jeu de la Cravache sur les Canons.

Le jeu de la cravache sur le sommet des hanches fait lever les membres postérieurs et, par suite, détermine l'impulsion; la main, par l'appui qu'elle exerce sur les barres, s'y oppose. Il en résulte que, sous l'action de la cravache, les membres postérieurs se portent seuls en avant, et que, sous celle de la main, les membres antérieurs s'immobilisent, tandis que la tête se ramène, pour se soustraire à la pression douloureuse du mors.

Dès que, la tête étant placée, les membres postérieurs se sont portés en avant du centre de mouvement des hanches, le cheval est rassemblé. A ce moment, l'effet de la main doit être immédiatement diminué, sinon les membres postérieurs se reporteraient en arrière.

Si l'action de la cravache sur le sommet des hanches est insuffisante pour attirer les membres postérieurs sous le centre, on provoque l'engagement de ces membres, en frappant sur leurs canons avec la cravache. (Fig. 12.)

Une fois au rassembler, le cheval y est maintenu, principalement par l'application de la cravache sur le sommet de la croupe, ou sur la fesse gauche ou droite, selon que l'on se tient à gauche ou à droite. On lui donne ensuite du repos, en lui permettant de s'étendre par devant, c'est-à-dire, d'avancer les membres antérieurs, tandis que les membres postérieurs restent en place.

Les membres antérieurs se porteront en avant, sous l'action de la rêne gauche de filet, qui sera tendue d'arrière en avant, si l'on se tient à gauche. On fera agir la rêne droite de filet, si l'on se tient à droite.

C'est en rétablissant la base de sustentation régulière au moyen de l'avant-main seul, qu'on habitue insensiblement le cheval à ne pas se soustraire de lui-même au rassembler.

Si, dans ces exercices, le cheval rue fortement à la cravache, il faut le châtier immédiatement, à l'instant de la défense, en le frappant d'un coup sec sur le membre postérieur qui a détaché la ruade Simultanément, on élèvera la tête, pour surcharger l'arrière-main. Néanmoins, il ne faudra pas s'inquiéter beaucoup des ruades ou des croupades, au début du rassembler. L'important, c'est que la croupe se mobilise.

Rassembler en marchant au pas. — Petit trot ralenti; passage; piaffer. — Le rassembler en marchant au pas, consistant en un petit trot ralenti, aussi lent que le pas, s'obtient par une légère tension des rênes de mors et un jeu de cravache subordonné aux appuis des membres antérieurs. La cravache est appliquée sur la hanche droite, au moment de l'appui du membre antérieur droit, et sur la hanche gauche, au moment de l'appui du membre antérieur gauche. (Fig. 13.)

Pour expliquer ce jeu de la cravache, nous allons entrer dans quelques détails de locomotion.

Le pas, on le sait, est une allure en quatre temps, avec des bases successivement latérales et diagonales. Chaque membre antérieur, en tombant à l'appui, construit une base latérale, et chaque membre postérieur, une base diagonale.

Fig. 13. — Rassembler en marchant au pas. La Cravache est appliquée sur le sommet de la hanche gauche, au moment de l'appui du Membre antérieur gauche.

La base diagonale, construite par l'appui d'un membre postérieur, succède à la base latérale, précédemment construite par l'appui du membre antérieur opposé en diagonale.

A l'allure du pas, le membre postérieur d'un diagonal ne tombant à l'appui qu'après le membre antérieur, il y a postérieurement un retard en diagonale. C'est ce retard en diagonale qu'il faut faire cesser, puisque le rassembler en marchant consiste en un petit trot ralenti, allure en deux temps.

Or, si au moment où le membre antérieur droit, par exemple, tombe à l'appui, on touche de la cravache le sommet de la hanche droite, on provoque le lever du membre postérieur droit, ce qui précipite l'appui du pied postérieur gauche et, par suite, diminue son retard en diagonale.

De même, au moment où le membre antérieur gauche tombe à l'appui, on diminue le retard en diagonale du membre postérieur droit par le jeu de la cravache sur le sommet de la hanche gauche.

C'est donc par le jeu alternatif de la cravache sur les hanches droite et gauche, au moment de l'appui du membre antérieur droit et gauche, qu'on diminue peu à peu les retards en diagonale, qu'on arrive à les supprimer et, finalement, qu'on obtient les premiers temps de petit trot ralenti. Ce trot se changera en passage, dès que la main, par une juste opposition, parviendra à paralyser le mouvement en avant, au profit de l'engagement des membres postérieurs.

Fig. 14. — Passage.

Le passage obtenu (fig. 14), on ralentit graduellement l'allure, jusqu'à ce que la cadence ait lieu sur place; on a alors du piaffer. (Fig. 15.)

A ces deux allures, le jeu de la cravache est subordonné, comme dans la marche au pas, aux appuis des membres antérieurs.

Chaque fois qu'il se produira du désordre pendant le travail du rassembler en marchant, on provoquera l'arrêt et l'immobilité, en appliquant la partie forte de la cravache au passage des sangles. On recommencera ensuite le mouvement.

Il faut, au début, être peu exigeant dans ses demandes, savoir se contenter d'un ou de deux temps de cadence, caresser immédiatement le cheval, dès qu'il a compris et obéi, lui donner du sucre et le rentrer à l'écurie. Si l'animal est par trop rebelle à cet exercice, il faut même se contenter simplement de soulever la croupe, et ne pas exiger autre chose qu'une petite ruade ou croupade, le soulèvement de la croupe étant la première condition du rassembler.

Lorsque le cheval commence à marcher en cadence, il est bon de le soumettre à cet exercice à la fin de chaque leçon, après avoir préalablement ouvert la porte du manège, en face de laquelle on le placera. Pour rentrer plus vite à l'écurie, il se décide rapidement à obéir.

Fig. 15. — Piaffer.

Il est également avantageux de fredonner un air en deux temps, chaque temps correspondant à chaque application de la cravache sur l'une ou l'autre hanche.

Le cheval s'habitue rapidement à cet air et se met de lui-même à la cadence, dès qu'on le fredonne.

Nous répéterons une fois encore que ces exercices de rassembler ne doivent se demander qu'assez tard, alors que le dressage du cheval monté est très avancé.

Ce n'est que plus tard encore qu'on demandera la cadence au milieu du manège, parce qu'au milieu du manège on a beaucoup de peine à empêcher la croupe de se traverser.

Lorsque le cheval marche en main, rassemblé, cadencé, son assouplissement est complet.

Ainsi que nous l'avons dit précédemment, on fera, pendant toute la durée des assouplissements à pied, dépenser au cheval sa vigueur, soit en le faisant promener à la main, soit en le mettant au pas et au trot sur le cercle, à la longe, soit encore en le montant, sans rien lui demander autre chose que de marcher droit devant lui.

CHAPITRE VI

DE LA BRIDE — DE LA MARTINGALE — DE LA SELLE
POSITION DU CAVALIER — LEÇON DU MONTOIR

VANT de nous occuper de l'éducation du cheval monté, nous croyons utile de donner quelques indications, relatives à la bride, à la selle, à la position du cavalier et au montoir.

De la Bride. — La bride se compose de la *têtière* proprement dite, qui est un assemblage de la têtière de bride et de celle de filet, superposées; de deux *montants* de bride et de deux de filet, servant à supporter les deux mors; d'un *frontail,* empêchant la têtière de glisser en arrière; d'une *sous-gorge,* attenant à la têtière de bride; de quatre *rênes*; d'un *mors* de bride et d'un *mors* de filet; d'une *gourmette;* de *deux crochets,* fixés à *l'œil* terminant la branche supérieure du mors et destinés à fixer la gourmette; d'une *fausse gourmette* et d'une *muserolle.*

Le cheval doit toujours être embouché avec un mors et un filet. Ce système est préférable à tout autre, parce qu'il permet de faire toutes les demandes et d'obtenir tous les effets possibles. En effet, avec le mors, on agit puissamment sur les barres; on oppose une force sérieuse aux résistances; on abaisse la tête. Avec le filet, on agit sur la commissure des lèvres, ce qui sert à élever la tête et à donner la direction.

Nous ne sommes pas partisan du système qui consiste à ne se servir que d'un filet ou d'un double filet pour la direction et le maniement du cheval.

Le filet, agissant plus spécialement sur la commissure des lèvres, élève la tête et fait porter le cheval au vent. Par suite, son action surcharge l'arrière-main et provoque l'acculement, ce qui est pour les membres postérieurs une cause de tares.

Les branches du mors doivent être plus longues, du canon à l'anneau qui tient les rênes de bride, que du canon au porte-mors. Le rapport à observer entre la longueur des branches supérieure et inférieure doit être de un à deux. Cette plus grande longueur des branches inférieures donne à la main du cavalier plus de puissance.

L'embouchure du mors aura les canons d'une épaisseur suffisante pour ne pas blesser les barres, et l'évidement du milieu, ou *gorge,* ménagé pour la liberté de la langue, sera bas, pour répondre, par sa forme, à la douceur des canons.

Le mors ordinaire dit *à liberté de langue* est le plus généralement employé. Néanmoins, nous lui préférons le mors cintré allemand, dont la courbe permet à la langue du cheval de se loger plus facilement.

La gourmette ne doit jamais être serrée; il faut qu'entre elle et la barbe du cheval, on puisse passer deux doigts au moins sur leur plat.

Nous conseillons de fixer, à plat sous la gourmette, une bande de cuir, dite *feutre de gourmette,* parce que certains chevaux sont plus sensibles de la barbe que des barres et relèvent la tête dès que l'action de la gourmette se fait sentir. Cette sensibilité de la barbe est plus fréquente qu'on ne le croit. Nous avons vu beaucoup de chevaux qui, la gourmette serrée, tiraient énergiquement à la main et qui, la gourmette supprimée, devenaient légers. C'est une preuve bien évidente que certains chevaux ont la barbe plus sensible que les barres. Nous conseillons donc aux cavaliers de se servir toujours d'un feutre de gourmette. Dans le cas où les barres sont plus sensibles que la barbe, cette précaution ne présente aucun inconvénient; dans le cas contraire, elle est d'une grande utilité.

De la Martingale. — Il y a des cavaliers qui se servent d'une martingale pour ramener le cheval. Nous ne saurions trop proscrire une pareille aide. Si elle donne à la main une plus grande puissance, elle provoque en même temps une résistance plus marquée de la mâchoire et de l'encolure, ce qui oblige le cheval à agrandir sa base de sustentation avec les membres postérieurs. Par suite, la martingale est un obstacle à l'exécution régulière des mouvements qui nécessitent l'engagement de ces membres. Dans les cirques, où son usage est fréquent, l'exécution du piaffer et du passage est généralement défectueuse : les bases, construites par les appuis diagonaux, sont grandes, au lieu d'être petites, ce qui empêche le soulèvement de la croupe et donne beaucoup de tride[1] à l'avant-main, au détriment de l'arrière-main qui, le plus souvent, traîne misérablement.

Il n'est pas rare aussi, au pas et au trot espagnols, de voir les chevaux, sous l'action de la martingale, se rattraper brusquement, c'est-à-dire faire tomber à l'appui un postérieur avant qu'il ait terminé son enjambée.

La martingale, éloignant les membres postérieurs du centre et les obligeant à un effort constant, est, de plus, une cause de tares, à toutes les allures.

1. On dit qu'un cheval a du tride, lorsqu'il manie ses membres avec vigueur et élévation.

Dans le saut des obstacles, son emploi peut même être dangereux. En effet, pour sauter, surtout si l'obstacle est en hauteur, le cheval a besoin d'une grande liberté d'encolure, liberté qui, seule, lui permet de faire basculer le grand axe de son corps autour du centre de gravité. Or, quand ce mouvement de bascule ne peut se produire, à la suite d'un enrênement trop grand, les membres postérieurs heurtent l'obstacle ou, après l'avoir passé, retombent, les premiers, à l'appui, au lieu de prendre terre après les antérieurs, ce qui est dangereux et nuit au mécanisme.

L'emploi de la martingale n'est donc admissible dans aucun cas.

De la Selle. — La selle ne doit pas être trop longue; il faut qu'elle repose sur le dos du cheval et non sur ses reins.

D'après le capitaine Raabe, une selle de 42 centimètres convient à la généralité des cavaliers.

Les genouillères placées en avant des grands quartiers, avec lesquels elles font corps, sont favorables à une bonne assiette.

Le siège de la selle ne doit pas être plus élevé devant que derrière. Lorsqu'il est plus élevé devant, l'assiette est rejetée en arrière, ce qui oblige le cavalier, pour retrouver son équilibre, à porter le haut du corps en avant et à faire le gros dos, attitudes contraires à la grâce, à l'aisance et à la solidité. Lorsque le siège est plus élevé derrière, l'assiette est rejetée en avant. Il s'ensuit que les jambes ne tombent plus à leur vraie place, c'est-à-dire le long des sangles, et que le cavalier doit constamment porter le haut du corps en arrière, pour rétablir l'équilibre. Quand, au contraire, le siège est aussi élevé devant que derrière, le cavalier est assis, d'aplomb et sans contraction aucune, à la place voulue, c'est-à-dire juste au milieu du siège.

Le cavalier devant être aussi près que possible du corps du cheval, il faut que la selle ait peu d'épaisseur.

Il est nécessaire que le premier contre-sanglon soit placé sur la pointe de l'arçon, pour que les sangles tombent juste à la place appelée : *passage des sangles.*

Lorsque les sangles sont à cet endroit, le cavalier peut se servir utilement de ses éperons, pour ramener, arrêter et faire reculer le cheval, parce que, dans ce cas, les jambes tombent naturellement un peu en arrière du passage des sangles. Lorsque, au contraire, les sangles sont plus en arrière, les éperons portent sur elles, et les effets ci-dessus ne sont plus obtenus ou le sont d'une façon défectueuse.

La plupart des chevaux sont sanglés trop en arrière ; ceux de la cavalerie, notamment, sont sanglés au milieu du ventre, ce qui est pour eux une cause de gêne et de souffrance. Cette position des sangles a, de plus, l'inconvénient de chasser la selle en avant et de la faire porter sur le garrot.

Les sangles ne doivent pas être trop serrées ; une compression trop forte gêne le cheval et provoque même ses défenses. Parfois, au départ, des chevaux trop sanglés ruent ou se cabrent, jusqu'à ce qu'ils soient dégonflés ; on en a même vu rompre leurs sangles. Il arrive aussi que des chevaux bien mis se portent moins franchement en avant, s'arrêtent même, quand la pression des sangles est trop grande. Pour obvier à ces inconvénients, il est bon de faire seller le cheval un quart d'heure avant de le monter, et de ne le sangler à son point qu'au moment de partir ou en route, alors que, par suite du dégonflement, les sangles deviennent trop lâches.

Position du Cavalier. — Le cavalier doit être assis juste au milieu du siège de la selle, sur la pointe des fesses ou ischions. Il doit laisser ses jambes tomber naturellement le long des sangles, et tenir la pointe des pieds légèrement en dehors, exactement comme lorsqu'il marche. Il faut que la pointe des pieds soit plus basse que le talon, quand le cavalier ne se sert pas de ses étriers, et, plus haute, quand il s'en sert. Le buste sera droit; il ne sera ni porté en avant, ni rejeté en arrière, comme on l'enseigne trop souvent. La tête sera droite, dégagée, et le cou, sans raideur. Les reins devront conserver leur souplesse, les coudes, tomber près du corps, sans force et sans s'ouvrir. Les poignets étant à la hauteur des coudes, à 30 centimètres l'un de l'autre, le cavalier tiendra les rênes à l'anglaise ou à l'allemande. (Fig. 16 et 17.)

Fig. 16. — Position du Cavalier. Tenue des Rênes à l'anglaise.

La longueur de l'étrier doit être à peu près égale à celle du bras du cavalier depuis l'aisselle jusqu'au bout des doigts. L'étrivière doit porter sur son plat, ce qui oblige à chausser l'étrier de dehors en dedans.

Il faut n'engager que le tiers du pied dans l'étrier, afin de laisser au cou-de-pied sa liberté et sa souplesse. L'appui sur l'étrier sera léger, parce que l'étrier n'a pas à supporter le poids du corps, mais doit simplement donner plus de fixité à la jambe.

Les cuisses tomberont sans raideur et s'allongeront le plus possible, sans effort toutefois, pour que le cavalier soit bien assis. Elle seront légèrement ouvertes, de façon que le condyle interne soit appliqué au quartier de la selle, en permettant aux jambes d'embrasser le cheval depuis le genou jusqu'au talon, si c'est nécessaire.

Autant que possible, le corps du cheval doit être dans de justes proportions avec l'enveloppe du cavalier. Quand le cheval est trop gros, la cuisse se place trop horizontalement et la pression des jambes se fait au-dessus du plus grand diamètre. Lorsque le cheval est trop mince, la cuisse tombe trop verticalement et l'embrassement se fait trop bas, ce qui oblige le cavalier à remonter les jambes pour se servir de ses éperons.

Fig. 17. — Position du Cavalier. Tenue des Rênes à l'allemande.

Le cheval et le cavalier sont dans le rapport voulu, quand la pression du mollet se fait juste au-dessous du plus grand diamètre.

Les écuyers qui enseignent que l'on doit serrer les cuisses et mettre la pointe des pieds en dedans ou parallèlement au corps du cheval, commettent une grave erreur. En serrant les cuisses, et en tenant la pointe des pieds en dedans ou parallèlement au corps du cheval, l'étreinte se fait toujours au-dessus du plus grand diamètre. C'est exactement l'effet que l'on obtient en serrant avec force les deux branches d'un compas au-dessus du plus grand diamètre d'un cylindre; plus la pression est grande et plus le cylindre tend à fuir les deux branches qui, de leur côté, remontent, lorsque l'expérience se fait sur le cylindre étendu horizontalement.

Au contraire, en tournant la pointe des pieds légèrement en dehors, on peut étreindre le cheval avec les mollets au-dessous du plus grand diamètre. Il en résulte une adhérence plus grande.

En principe, la pression des jambes doit être légère; il faut sentir son cheval sans le serrer; une pression énergique n'a sa raison d'être que dans les défenses. Dans ce cas, il faut embrasser le cheval depuis les genoux jusqu'aux talons, de façon à avoir avec lui le plus de points de contact possibles.

Leçon du Montoir. — On doit habituer le cheval à rester sage pendant qu'on le monte.

Voici comment se donne la leçon du montoir :

Un aide exercé étant placé à la tête du cheval et le maintenant immobile, au moyen des rênes, le cavalier s'approche du côté montoir, c'est-à-dire près de l'épaule gauche, et s'assure que les sangles ne sont pas trop serrées. Cela fait, l'aide, après avoir pris les deux rênes de filet dans la main droite, s'avance du côté hors montoir et saisit l'étrier droit avec la main gauche. Il s'efforce, avec la main droite qui tient les rênes de filet, tendues de haut en bas et non d'avant en arrière, pour empêcher un mouvement de recul, il s'efforce, disons-nous, d'obtenir l'immobilité du cheval et l'abaissement de l'encolure, et, avec la main gauche, il se dispose à peser sur l'étrier droit. Cette pesée sur l'étrier se fait au moment où le cavalier se met en selle; elle a pour but d'empêcher la selle de tourner.

Ces dispositions prises, le cavalier flatte son cheval et le met en confiance, puis il saisit avec la main gauche, qui tient la cravache, la pointe en bas, une poignée de crins, vers le milieu de l'encolure, et il engage le pied gauche dans l'étrier, en regardant dans la direction de la croupe.

Cette attitude lui permet d'éviter les coups de pied en vache que donnent certains chevaux, au moment où l'on chausse l'étrier. Une fois dans cette position, le cavalier y reste, jusqu'à ce qu'une certaine tranquillité se produise. Il avance ensuite la jambe droite et se rapproche du cheval, au flanc duquel il fait face; puis, avec la main droite, il saisit le troussequin de la selle, s'enlève droit sur l'étrier gauche, porte la main droite sur le pommeau, passe vivement la jambe droite par dessus la croupe et se met légèrement en selle.

Une fois en selle, le cavalier engage le pied droit dans l'étrier que lui présente l'aide, puis, dès que celui-ci s'est replacé à la tête du cheval, il lâche la crinière, passe la cravache dans la main droite et sépare les rênes à l'anglaise. La cravache doit toujours être tenue, la pointe en bas. Cela fait, le cavalier s'enlève et retombe plusieurs fois sur la selle, légèrement d'abord, plus lourdement ensuite; il s'assure ainsi que le cheval le supporte facilement.

Après avoir répété plusieurs fois cet exercice, le cavalier abandonne les rênes, replace la cravache dans la main gauche et saisit, avec la même main, une poignée de crins sur l'encolure. Il prend ensuite avec la main droite un point d'appui sur le pommeau de la selle, se soulève et met pied à terre. Il a soin, en descendant, après avoir passé la jambe droite par dessus la croupe, de saisir le troussequin, avec la main droite, pour que le poids de son corps ne l'entraîne pas trop brusquement en arrière.

Au moment où le cavalier met pied à terre, l'aide reprend la position qu'il avait au début, c'est-à-dire qu'il tient les rênes de filet dans la main droite et qu'il pèse avec la main gauche sur l'étrier droit.

Les exercices précédents sont répétés jusqu'à ce que le cheval reste sage et calme au montoir.

Si le cheval ne veut pas rester tranquille, l'aide lui met le caveçon, et s'en sert à la place des rênes de filet. La résistance persistant, il le fait trotter en cercle, en tenant la longe du caveçon, jusqu'à ce que la fatigue le calme.

Si ces moyens sont insuffisants, un autre aide s'approche du cheval et lui lève le membre antérieur gauche, qu'il maintient troussé, soit à l'aide de ses mains, soit à l'aide d'un bracelet.

Le bracelet se compose d'une courroie de cuir qui entoure le paturon ainsi que l'avant-bras et force le cheval à rester sur trois jambes.

Le bracelet, fixé au membre antérieur gauche, oblige le cheval à s'appuyer sur le diagonal droit, ce qui l'empêche de ruer du côté montoir.

Le membre antérieur gauche étant troussé, on laisse le cheval sur trois jambes, jusqu'à ce que, cédant à la fatigue, il devienne calme. A ce moment, le cavalier se met rapidement en selle, puis met pied à terre, et ainsi de suite jusqu'à que cet exercice se fasse sans difficulté.

Ce résultat obtenu, on enlève le bracelet et un seul aide maintient le cheval immobile pendant qu'on le monte.

Quand on est en selle, il est bon de promener le cheval au pas, en se faisant accompagner par l'aide, qui tient la longe du caveçon. Pendant la marche au pas, on fera de fréquents arrêts, après lesquels on mettra pied à terre pour se remettre de nouveau en selle.

Dès que le cheval se montre plus docile, on se met en selle sans avoir recours à l'aide. Pour se mettre en selle sans le secours de l'aide, on prend dans la main gauche les quatre rênes et une poignée de crins, en ayant soin de plus raccourcir les rênes droites que les rênes gauches. Le raccourcissement des rênes droites a pour but de maintenir en place la croupe qui, au moment où le cavalier s'approche à gauche, a toujours une tendance à fuir à droite.

Lorsque l'animal est sage au montoir, on commence les assouplissements à cheval.

CHAPITRE VII

DES AIDES

Des aides. — Effets simples produits par les rênes de filet. — Effets simples produits par les rênes de bride. — Effets simples produits par les jambes. — Du point d'appui. — De l'éperon; son emploi. — Tenue des rênes à l'allemande. — Tenue des rênes à l'anglaise. — Jeu des quatre rênes. — Des effets de rênes contraires. — Effets obtenus par le jeu combiné des quatre rênes, des jambes et de la Masse. — Effet latéral. — Effet diagonal. — Effets d'ensemble. — Accord des aides.

es Aides. — On entend par *aides,* les divers moyens dont se sert le cavalier pour faire comprendre au cheval ce qu'il exige de lui, en vue de le dominer et de le diriger.

Les aides, *exprimant* en quelque sorte au cheval l'idée équestre qu'on veut lui faire appliquer, constituent un véritable langage, et c'est pourquoi nous disons : le *langage des aides.*

Il y a trois sortes d'aides : les aides *supérieures,* les aides *inférieures* et les aides *complémentaires.*

Les aides supérieures sont celles des mains; elles transmettent leurs indications par les rênes.

Les aides inférieures sont celles des jambes; elles agissent par les cuisses, les jarrets, les mollets et les éperons. Dans le travail à pied, l'emploi de la cravache est substitué à celui des jambes.

Les aides complémentaires consistent, principalement, en des déplacements du corps et un jeu d'assiette, correspondant à la nature des mouvements que l'on fait exécuter au cheval.

Le corps doit être incliné légèrement en avant, quand on veut déterminer l'impulsion, et légèrement en arrière, quand on veut obtenir l'arrêt ou la marche rétrograde; il doit être maintenu droit dans le travail en place. Le cavalier sera plus assis sur la fesse droite et pèsera davantage sur l'étrier droit, lorsqu'il voudra diriger le cheval à droite; il fera l'inverse pour diriger le cheval à gauche.

Ces actions différentes du corps et de l'assiette, en déplaçant différemment le centre commun de gravité de l'homme et du cheval, facilitent l'exécution des mouvements demandés.

On appelle *jeu combiné des aides,* le travail combiné des jambes, des mains, du corps et de l'assiette.

Le cheval est dressé, lorsqu'il obéit facilement au jeu combiné des aides.

Avant de parler au cheval le langage des aides, il faudra d'abord le lui enseigner. On devra donc passer du simple au composé : on commencera par faire connaître au cheval le rôle plus spécial de chacune des aides; on complètera son éducation en lui enseignant leur jeu combiné.

Effets simples produits par les rênes de filet. — Les rênes de filet, portant sur la commissure des lèvres, servent à maintenir la tête du cheval directe, à l'élever, à déterminer des changements de direction et à produire des effets latéraux.

Lorsqu'elles sont également et directement tendues, elles maintiennent la tête du cheval droite; lorsqu'elles sont également tendues, de bas en haut, elles l'élèvent; elles déterminent des changements de direction, quand l'une d'elles est plus tendue que l'autre.

La tension plus marquée d'une rêne permet également d'opposer une épaule à la hanche du même côté, dans un effet latéral.

On tend avec énergie une rêne de filet, toutes les fois qu'il faut lutter, vaincre les résistances du cheval qui refuse de tourner, de se plier, de fuir le talon.

Il ne suffit pas de tendre fortement la rêne qui contribue à l'effet latéral, il faut, de plus, l'*ouvrir*, c'est-à-dire l'écarter plus ou moins de l'encolure.

L'action de scier du filet fait décontracter les mâchoires du cheval, lui élève la tête, l'empêche de se mettre sur les épaules. Cette manière d'obliger le cheval à se maintenir d'aplomb, s'emploie fréquemment avec les chevaux faibles des membres antérieurs, avec ceux qui rasent le tapis.

Pendant qu'il scie du filet, le cavalier serre les jambes, près des sangles.

Effets simples produits par les rênes de bride. — Avec les rênes de bride, on obtient des effets directs et des effets obliques.

Les effets directs sont nécessaires pour abaisser la tête et obtenir le ramener, la mise en main, le rassembler, le ralentissement et l'arrêt.

Les effets obliques servent à obtenir le quart de pli et le demi-pli de l'encolure, la marche circulaire, le travail régulier des deux pistes et les effets diagonaux.

Dans le reculer, la tension oblique de la rêne gauche contribue à faire reculer le diagonal gauche; celle de la rêne droite fait reculer le diagonal droit.

Effets simples produits par les jambes. — Les jambes, appliquées sur les flancs et les serrant, en arrière du centre de gravité, provoquent l'impulsion. Leur action doit toujours précéder celle de la main, qui s'empare en second lieu de l'impulsion pour la diriger.

Du point d'appui. — Le point d'appui que prend le cheval sur la main de la bride doit être léger, quels que soient le mouvement et la vitesse de l'allure. Il met le cheval et le cavalier en liaison constante.

La légèreté à la main est donnée par les jambes et les éperons.

De l'éperon; son emploi. — L'éperon n'est pas un simple moyen de châtiment, comme on le croit généralement. Suivant la manière dont il est employé, il est une aide ou, tout à la fois, une aide et un châtiment.

« L'éperon, dit le capitaine Raabe, touche, presse ou pince, suivant le cas. »

Le toucher de l'éperon, augmentant simplement la puissance des jambes, constitue une aide simple.

Comme aide et châtiment léger, les éperons pressent. Comme aide et châtiment violent, les éperons pincent : l'attaque à l'éperon se fait en pinçant des deux éperons.

Les éperons peuvent également pincer, mais très délicatement, pour rendre plus précises les demandes faites par les jambes. Ce pincer délicat de l'éperon n'est qu'une aide simple, puisqu'il ne fait que grandir la puissance des jambes. Toutes les fois que l'on pince des deux éperons, il faut avoir soin de ne pas desserrer les jambes.

La longueur des éperons doit être subordonnée à la grosseur des mollets du cavalier. Le cavalier qui aura de gros mollets portera des éperons longs; celui qui en aura de petits se servira d'éperons plus courts.

Dans l'armée, au lieu de n'avoir qu'un modèle d'éperons, il serait bon d'en avoir plusieurs, de même qu'on a des vêtements de tailles différentes.

De la tenue des rênes. — Il y a diverses manières de tenir les rênes; nous nous contenterons d'enseigner la tenue des rênes à l'allemande et la tenue des rênes à l'anglaise, ces deux là répondant à toutes les exigences.

On tiendra les rênes à l'anglaise, toutes les fois qu'on montera un cheval ne connaissant qu'imparfaitement le jeu des rênes. On emploiera le procédé allemand avec un cheval mieux habitué au jeu des aides.

TENUE DES RÊNES A L'ALLEMANDE

Disposition préparatoire à donner aux rênes de bride et de filet pour en faciliter le placement, soit dans les deux mains, soit dans la main gauche, le cavalier étant à cheval.

Rênes de bride. — Les rênes de bride, sur leur plat, sont placées et abandonnées sur le milieu de l'encolure, également pendantes de chaque côté.

Rênes de filet. — Les rênes de filet sont disposées comme celles de bride, avec cette différence, qu'on les fait tomber plus en arrière, plus près de la selle, que les rênes de bride et croiser par dessus ces dernières.

Placer les rênes de bride et la rêne gauche de filet dans la main gauche et la rêne droite de filet dans la main droite. Ajuster ces rênes.

Rênes de bride. — Prendre entre le pouce et les deux premiers doigts de la main droite, qui tient la cravache, l'extrémité des rênes de bride; faire passer celles-ci, de bas en haut, entre les rênes de filet; les élever et les placer dans la main gauche en introduisant entre elles l'annulaire gauche, de dessus en dessous; finalement, les ajuster.

Pour les ajuster, les élever verticalement avec la main droite et les faire simultanément glisser de chaque côté de l'annulaire de la main gauche, dont le médius et le petit doigt seront légèrement écartés.

Les rênes de bride ajustées, les abandonner de la main droite, après avoir fait passer sur la deuxième phalange de l'index de la main gauche leur excédant, lequel doit tomber sur le côté droit de l'encolure. Enfin, maintenir ces rênes fixes, par la pression du médius et du petit doigt contre l'annulaire gauche.

Rênes de filet. — Les rênes de bride ainsi ajustées, prendre avec la main droite les rênes de filet à leur point de jonction, et placer celle de gauche dans la main gauche entr'ouverte, en la faisant passer sous le petit doigt.

Ajuster cette rêne, en élevant verticalement, avec la main droite, l'extrémité des rênes de filet, jusqu'à ce que la rêne gauche soit de la même longueur que les rênes de bride. La rêne gauche de filet ajustée et ressortant sur la deuxième phalange de l'index, par dessus les rênes de bride, maintenir fixes les trois rênes par la pression du pouce contre l'index.

Ajuster ensuite la rêne droite, en plaçant préablement une partie de l'excédant des rênes de filet dans la main gauche entr'ouverte et en glissant ensuite la main droite le long de la rêne droite de filet, de telle sorte que celle-ci soit égale aux autres rênes, quand la main droite viendra se rapprocher de la main gauche. Finalement, se dessaisir de l'excédant des rênes de filet, préalablement placé dans la main gauche, et fermer cette main.

La rêne droite de filet, étant ajustée, passe sous le petit doigt de la main droite ou entre deux doigts quelconques de la même main et ressort sur la deuxième phalange de l'index. L'excédant de cette rêne pend, comme les trois autres, sur le côté droit de l'encolure.

Dans cette tenue de rênes, les ongles des deux pouces doivent se faire face, lorsque la tête est directe.

Cette tenue de rênes, dite : à l'*allemande* (fig. 18), est la plus usitée.

Placer les quatre rênes dans la main gauche. — Les rênes étant tenues comme précédemment, on les réunit toutes les quatre dans la main gauche, de deux manières : soit en soulevant le pouce gauche et en plaçant sur les autres rênes la rêne droite de filet, laquelle, passant dans la main gauche, ressort sous le petit doigt; soit, en plaçant la même rêne sous les trois autres, en lui faisant contourner l'index de la main gauche, de dessous en dessus.

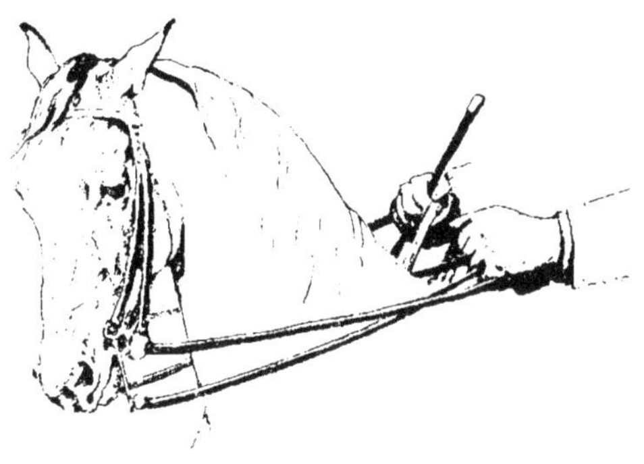

Fig. 18. — Tenue des Rênes à l'allemande.

Les quatre rênes étant dans la main gauche, remettre la rêne droite de filet dans la main droite. — Pour remettre la rêne droite de filet dans la main droite, entr'ouvrir la main gauche, desserrer les doigts, séparer, avec la main droite, la rêne droite de filet des autres rênes et la tenir, comme précédemment, dans la main droite.

La rêne droite de filet étant tenue dans la main droite et les trois autres rênes dans la main gauche, placer celles-ci dans la main droite. — Entr'ouvrir la main droite et la rapprocher de la main gauche, de manière que les deux pouces soient bout à bout, placer la rêne droite de filet sous les trois autres rênes, saisir à pleine main, avec la main droite, les quatres rênes ainsi réunies, et laisser tomber la main gauche sur le côté gauche.

Les quatre rênes étant tenues dans la main gauche, les placer dans la main droite. — Rapprocher la main droite de la main gauche; saisir avec la main droite, à pleine main, les quatre rênes à leur sortie du pouce gauche; ouvrir la main gauche et la laisser tomber sur le côté gauche.

Remarque. — Il faut avoir soin, toutes les fois qu'on ajuste les rênes, de tenir les jambes près, pour prévenir un mouvement de recul.

TENUE DES RÊNES A L'ANGLAISE

Les quatre rênes étant également pendantes des deux côtés de l'encolure, les saisir avec la main droite à leur point de jonction et les élever verticalement; introduire ensuite le petit doigt de la main gauche entre les rênes gauches, de telle sorte que celle de bride passe sous le petit doigt; ajuster ces rênes et les maintenir fixes par la pression du pouce gauche contre l'index de la même main.

Les rênes gauches ainsi tenues et ajustées, placer une partie de l'excédant des rênes droites dans la main gauche entr'ouverte; introduire le petit doigt de la main droite entre les rênes droites; ajuster ces dernières, en les faisant simultanément glisser des deux côtés du petit doigt de la main droite; abandonner ensuite avec la main gauche l'excédant des rênes et placer les deux mains à environ trente centimètres l'une de l'autre.

Les quatre rênes étant ainsi tenues et ajustées, leur excédant tombe sur le milieu de l'encolure, non loin du garrot, ou sur le côté droit (fig. 19).

Dans cette tenue de rênes, les ongles des deux pouces ne se font plus face, ils sont parallèles entre eux.

Remarques. — On remarquera que dans la tenue des rênes à l'allemande, ce sont les rênes de filet qui passent sous le petit doigt, tandis que, dans la tenue à l'anglaise, ce sont les rênes de bride.

Avec la tenue des rênes à l'anglaise, on obtient des effets latéraux très prononcés, parce que les rênes peuvent être écartées beaucoup de l'encolure. C'est ce qui motive l'adoption de cette méthode au début du dressage.

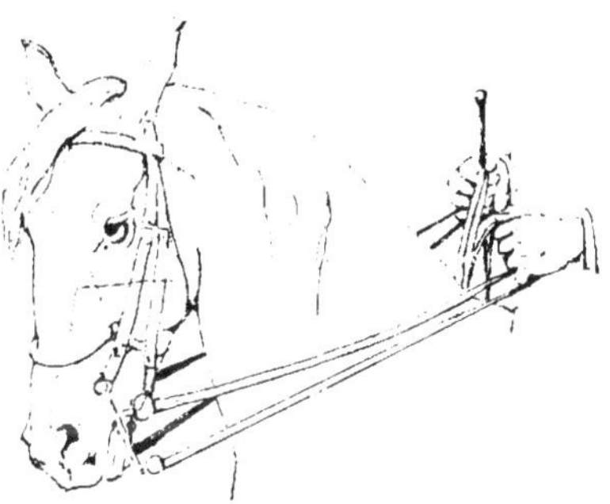

Fig. 19. — Tenue des Rênes à l'anglaise.

Avec la méthode allemande, les effets latéraux sont moins marqués : cette tenue de rênes facilite surtout les effets diagonaux. On ne l'adopte que lorsque le dressage est assez avancé.

Jeu des quatre rênes. — Les rênes étant tenues à l'allemande, toutes les quatre dans la main gauche, si, après les avoir ajustées, on tourne la main, les ongles en dessus, on fait agir plus efficacement les rênes gauches et on produit un effet oblique à gauche, ce qui place le bout du nez du cheval à gauche.

On produit le même effet, en tenant dans la main gauche les deux rênes de bride et la rêne gauche de filet, les ongles tournés en dessus, et en appliquant sur l'encolure la rêne droite de filet, tenue dans la main droite.

Les quatre rênes étant dans la main gauche, si l'on tourne la main, les ongles en dessous, le pouce vers le corps, on produit un effet oblique à droite, ce qui place le bout du nez du cheval à droite.

On obtient le même effet, en tenant dans la main gauche, comme précédemment, les deux rênes de bride et la rêne gauche de filet, et en écartant avec la main droite la rêne droite de filet.

Quand la main gauche qui tient les quatre rênes est placée dans une position mixte, on produit un effet direct et on maintient la tête du cheval droite.

On obtient le même effet, en tenant de la même manière les deux rênes de bride et la rêne gauche de filet dans la main gauche, et la rêne droite de filet, directement tendue, dans la main droite.

Lorsqu'on tient les rênes à l'anglaise, on peut ouvrir peu ou beaucoup un côté des rênes, élever ou abaisser davantage une main et faire agir, suivant le cas, plus efficacement les rênes de droite ou de gauche. On peut fermer un côté des rênes, plus ou moins en avant sur l'encolure, pendant que les rênes de l'autre côté s'écartent, et faire agir plus efficacement l'une ou l'autre rêne, appuyée sur l'encolure.

Dans certains cas, on scie des rênes du filet et de celles de la bride en même temps, ou simplement de celles du filet, en les abaissant ou en les élevant, suivant que le cheval porte le nez au vent ou s'encapuchonne.

On croit généralement que, lorsqu'on scie du filet, c'est simplement la douleur produite sur la commissure des lèvres qui arrête l'impulsion. C'est une erreur : l'impulsion est surtout paralysée par un jeu des rênes basé sur le mécanisme animal.

Ce jeu des rênes, ayant pour but d'entraver l'extension d'un membre, devra se produire au moment où ce membre se disposera à se porter en avant. Or, ce n'est qu'après l'appui du membre antérieur droit, que se produit l'extension du membre antérieur gauche, et qu'après l'appui du membre antérieur gauche que se produit celle du membre antérieur droit.

On aura donc soin, toutes les fois qu'on sciera du filet, de faire agir la ou les rênes droites, au moment de chaque appui du membre antérieur gauche, et la ou les rênes gauches, au moment de chaque appui du membre antérieur droit.

Il ne faut jamais faire de vibrations de mains. Les mains doivent simplement combattre les résistances de la mâchoire, par une tension plus marquée des rênes de mors, et rendre légèrement, toutes les fois que la mâchoire cède.

Des effets de rênes contraires. — On dit qu'on dirige le cheval par des effets de rênes contraires, lorsque, les quatre rênes étant tenues dans la main gauche, on exécute les mouvements à droite, en portant la main de gauche à droite, et ceux à gauche, en portant la main de droite à gauche.

Les effets de rênes contraires, que doit forcément employer le cavalier militaire, lorsqu'il tient le sabre à la main, ne sont pas rationnels.

Que se passe-t-il, en effet, quand on tourne à droite, par exemple, en portant la main de gauche à droite? Les rênes gauches, s'appliquant sur le côté gauche de l'encolure, se tendent plus ou moins, tandis que les rênes droites se relâchent d'autant, et le mors se contourne dans la bouche du cheval de telle sorte que le canon gauche porte sur la barre gauche, tandis que le canon droit se détache de la barre droite. Il s'ensuit que, si l'application des rênes gauches sur l'encolure invite le cheval à tourner à droite, la pression du canon gauche sur la barre gauche le détermine à aller à gauche. Ces deux effets se contrariant, il est difficile que le cheval comprenne aisément ce qu'on lui demande.

Ce mode de conduite étant cependant nécessaire dans le cas

spécial qui nous occupe, il faudra que le jeu des jambes vienne remédier à ce que celui de la main a de défectueux. Aussi, dans les effets de rênes contraires, devra-t-on recourir à un jeu de jambes différent de celui adopté dans les effets directs.

Lorsqu'au pas, au trot et au galop, on fait tourner le cheval par des effets de rênes directs, la pression de la jambe opposée au côté où l'on tourne doit être prédominante et avoir lieu loin de la sangle, parce qu'elle a mission de contenir la croupe qui, à la suite de l'effet direct, est d'autant plus violemment entraînée dans la direction contraire, que l'allure est plus rapide.

Quand on emploiera des effets de rênes contraires, il faudra que la pression de la jambe placée du côté où l'on tourne soit prédominante et faite loin de la sangle, pour faciliter le déplacement de la croupe et combattre l'effet de rênes qui n'est pas assez déterminant.

Toutes les fois qu'on emploiera des effets contraires, on aura avantage à porter la main en avant, plus près de la tête, parce que l'effet des rênes est d'autant plus puissant qu'il agit sur la partie la moins résistante de l'encolure.

Effets obtenus par le jeu combiné des quatre rênes, des jambes et de la masse. — Si, par l'action isolée des rênes, on obtient des effets directs et obliques; si, par celle des jambes, on détermine l'impulsion; si, par les déplacements du corps, on déplace le centre commun de gravité; par l'action combinée de ces divers agents, on produit des effets latéraux, diagonaux, d'ensemble, impulsifs et rétrogrades.

Effet latéral. — L'effet latéral s'obtient par l'action plus marquée et simultanée d'une ou de deux rênes et d'une jambe du même côté.

Dans l'effet latéral, la tension plus marquée d'une ou de deux rênes du même côté oppose l'épaule à la hanche et prépare la croupe à tourner du côté opposé à la rêne ou aux rênes qui agissent; l'action plus marquée de la jambe détermine le mouvement.

On obtient un effet latéral droit, en faisant sentir davantage la la rêne droite de filet, ou les deux rênes droites, qu'on écarte légèrement de l'encolure, ce qui s'appelle *ouvrir la ou les rênes droites*, et en faisant une pression plus marquée de la jambe droite sur le flanc droit, en arrière du centre de gravité, lequel se trouve au milieu du corps du cheval.

L'effet latéral gauche se fait, d'après les mêmes principes, par la tension plus marquée de la rêne gauche de filet ou des deux rênes gauches et la pression plus marquée de la jambe gauche.

On fait un effet latéral, toutes les fois que le cheval force la jambe, c'est-à-dire ne la fuit pas, ou se dérobe.

Dans l'effet latéral droit, la jambe gauche doit tomber sans force le long des sangles; dans l'effet latéral gauche, c'est la jambe droite.

Effet diagonal. — L'effet diagonal droit consiste à faire sentir davantage une ou deux rênes droites, et à faire agir la jambe gauche plus en arrière que la droite.

L'effet diagonal gauche s'obtient par les moyens inverses.

On emploie l'effet diagonal pour donner le pli, surcharger l'un ou l'autre des diagonaux, faire reculer, fixer les épaules ou la croupe. On se sert également de cet effet dans le travail des deux pistes, lorsque le cheval fuit bien le talon, et dans la marche circulaire.

Le cheval étant en station régulière, l'effet diagonal droit sert également à le faire partir du pied droit ou à faire reculer le diagonal droit, selon que le centre commun de gravité est déplacé en avant ou en arrière. Pareillement, on mobilise le diagonal gauche, en avant ou en arrière, au moyen de l'effet diagonal gauche.

Dans le travail en place, l'effet diagonal gauche surcharge le diagonal droit, et l'effet diagonal droit, le diagonal gauche. Il en résulte que l'effet diagonal donne la fixité du pivot dans les pirouettes renversées et les pirouettes ordinaires.

Effets d'ensemble. — On appelle *effet d'ensemble*, tout effet produit par une action simultanée des rênes de bride, également et directement tendues, et des jambes ou des éperons, appliqués sur la même ligne.

L'action de l'effet d'ensemble est différente, selon que la pression des jambes ou des éperons se fait près des sangles, loin des sangles, ou à une place intermédiaire entre ces deux points extrêmes.

Lorsque les éperons pressent énergiquement près des sangles, l'effet produit s'appelle le *renfermer*.

Lorsque les éperons touchent ou pressent loin des sangles, on obtient le *rassembler*.

Lorsque les éperons touchent ou pressent à un point intermédiaire, on obtient simplement la *mise en main*.

Quoique les effets d'ensemble soient de différents genres, on entend généralement par la locution : *effet d'ensemble*, l'effet produit par la tension directe des rênes de brides, et la pression des jambes ou des éperons immédiatement derrière les sangles.

Accord des Aides. — On appelle *accord des aides,* l'accord résultant du jeu juste des mains, des jambes, du corps et de l'assiette.

Le jeu des aides est *juste,* quand il y a enchaînement, liaison dans les effets et que ceux-ci sont basés sur la mécanique animale.

Le jeu est *faux,* quand il y a désaccord entre les agents qui opèrent ensemble, c'est-à-dire quand les effets des aides sont mal ajustés, se combinent à faux ou violent le mécanisme.

Lorsque le cavalier joue juste, il est compris par le cheval; lorsqu'il joue faux, l'animal ne comprend pas et se défend.

CHAPITRE VIII

QUELQUES MOTS SUR NOTRE SYSTÈME DE DRESSAGE

voir le rôle important que nous assignons aux éperons, dans notre système de dressage, quelques lecteurs s'imagineront peut-être que notre méthode n'est que la réédition de celle de M. Baucher. Nous allons, en quelques mots, les édifier à cet égard.

La méthode de M. Baucher visait avant tout un équilibre instable : cet équilibre était obtenu par un effet combiné des mains et des jambes qui n'est pas employé par nous. D'après la méthode de M. Baucher, les jambes travaillaient toujours à la même place, assez en arrière des sangles, et communiquaient au cheval une impulsion qui était immédiatement paralysée par une *savante* opposition de la main. Il en résultait que le cheval, habitué qu'il était à sentir la résistance de la main, et, par suite, à éprouver une souffrance, toutes les fois qu'il se portait franchement en avant, n'osait plus obéir à l'impulsion et, finalement, se rassemblait sur place. Ce système, excellent pour le cirque, où l'on recherche surtout des airs élevés, ne pouvait convenir à aucun autre genre d'équitation, parce qu'il enlevait au cheval toute sa franchise. La franchise étant la première condition du cheval de guerre, le comité de cavalerie, chargé de donner son avis sur cette méthode, n'eut donc pas tort de la rejeter.

Mais, si le système de M. Baucher était défectueux, à plus d'un titre, est-ce à dire pour cela que l'éperon ne puisse être employé comme un puissant moyen de domination? Quant à nous, nous croyons qu'on ne peut réellement discipliner le cheval que par la crainte des éperons; mais, cet emploi de l'éperon doit être mieux précisé et raisonné qu'il ne l'a été par M. Baucher.

Nous allons indiquer de quelle façon nous comprenons l'emploi des éperons, faire connaître les divers effets qu'ils produisent et donner la raison de ces effets.

Les éperons doivent être appliqués immédiatement derrière les sangles, pour provoquer le ramener, la mise en main, le ralentissement, l'arrêt, le renfermer, l'immobilité et le reculer.

Il doivent être appliqués loin des sangles, pour provoquer l'impulsion ou, quand il y a une juste opposition de la main, le rassembler.

Leur action doit se faire sentir à une place intermédiaire entre les deux premières, pour conserver la mise en main à toutes les allures normales.

Mais pourquoi, dira-t-on, les éperons produisent-ils des effets différents, selon que leur action se fait sentir à telle ou telle place?

Ils produisent des effets différents, parce que, dans les trois cas que nous venons de mentionner, ils agissent d'une façon différente par rapport au centre de gravité.

Lorsque les éperons sont appliqués près des sangles, ils s'opposent à l'impulsion et provoquent l'arrêt et la marche rétrograde, parce qu'ils agissent en avant du centre de gravité. Appliqués loin des sangles, ils provoquent l'impulsion ou l'engagement des membres postérieurs, parce que leur action se fait sentir en arrière du centre de gravité. Appliqués au milieu du corps, ils permettent simplement de conserver la mise en main, parce qu'agissant sur le centre même de gravité, ils ne peuvent pousser la masse ni en avant ni en arrière.

Les mêmes phénomènes se produisent chez l'homme. Toute pression faite en avant de son centre de gravité le fait reculer; toute pression faite en arrière le fait avancer; une égale pression de chaque côté, sur le centre même de gravité, ne le fait ni avancer ni reculer.

Il nous reste à expliquer pourquoi, physiologiquement, le ralentissement ou l'arrêt se fait nécessairement par l'avant-main, et l'impulsion ou l'engagement, par l'arrière-main.

Un simple coup d'œil jeté sur le corps du cheval nous permet de constater que l'avant-main et l'arrière-main sont deux parties qui se font opposition. En effet, le sommet de l'angle formé par l'épaule et le bras est opposé au sommet de celui formé par la hanche et la cuisse. D'un côté, la force répulsive, de l'autre, la force impulsive.

Lorsque le cheval s'arrête, il est obligé de s'arc-bouter sur les membres antérieurs; lorsqu'il veut se porter en avant, il donne l'impulsion avec ceux de derrière.

Précédemment, nous avons parlé de la mise en main. A ce sujet, disons que c'est aux allures normales seules ou à des allures plus ralenties encore, qu'elle peut être exigée. A toutes les allures plus allongées que les allures normales, il ne faut pas s'occuper de la position verticale de la tête, parce que, pour marcher à des allures rapides, le cheval est obligé de déplacer en avant son centre de gravité, ce qui n'est possible que par l'allongement de la tête et de l'encolure. Tout ce que l'on doit exiger du cheval aux allures allongées, c'est qu'il ne prenne qu'un léger point d'appui sur le mors et qu'il reste simplement en contact avec la main de son cavalier, pour que celui-ci l'arrête ou le dirige à son gré.

La tête du cheval ne sera régulièrement placée, que lorsque les barres seront à la hauteur du tiers supérieur des épaules. Quand la tête est dans cette position, l'effet de la main atteint son maximum de puissance, parce qu'il se fait sentir au sommet du compas formé par les membres antérieurs.

Si, dans notre système de dressage, l'emploi raisonné de l'éperon joue un rôle considérable, l'observance des lois qui régissent la locomotion animale n'y tient pas moins une place prépondérante.

Ce n'est, en effet, qu'en connaissant la manière dont se meut le cheval qu'on peut lui faire des demandes avec à propos et lui faire exécuter des mouvements avec précision.

Tout système de dressage qui ne s'appuie pas sur les lois de la mécanique animale, ne peut être que défectueux, comme tout ce qui va à l'encontre de la nature. C'est pour ce motif que, dans la première partie de cet ouvrage, nous avons donné à l'étude des allures un aussi grand développement.

D'après notre système de dressage, tout cheval peut être indifféremment dressé pour le manège, la promenade, la chasse ou la guerre. En effet, suivant l'endroit où nous faisons sentir les éperons, nous obtenons des allures raccourcies, artificielles, normales, allongées.

Si, pendant le dressage, nous exigeons une mise en main sévère, c'est que, sans elle, il n'y a pas de domination complète possible. Mais, lorsque le cheval est dressé, discipliné, nos aides ne sont plus aussi sévères, et nous n'exigeons plus la mise en main, que lorsqu'elle est indispensable; par exemple, pour régler l'allure, quand elle est désordonnée, pour la ralentir, quand elle est trop rapide. De même, nous ne tenons le cheval renfermé dans les éperons, que lorsque notre sûreté l'exige, lorsque c'est, en un mot, une nécessité. L'éperon n'est donc pas une torture continuelle, comme on l'a prétendu; il n'enlève au cheval aucune de ses qualités natives; il est simplement un *frein de sûreté,* dont on se sert à volonté.

Si, le premier, M. Baucher a fait de l'emploi de l'éperon la base de son système de dressage, il n'a pas été le premier à remarquer que le cheval était susceptible d'être ramené et arrêté par les éperons. Longtemps avant lui, de célèbres maîtres de l'École Napolitaine, si en renom au XVIe siècle, Pignatelli et Frédéric Grison, par exemple, avaient remarqué tout le profit qu'on pouvait tirer de l'éperon. Toutefois, ils n'avaient pas osé ériger en système les attaques à l'éperon; ils les déconseillaient même, estimant qu'elles n'étaient pas à la portée du vulgaire et qu'un écuyer de premier ordre pouvait seul en tirer parti.

M. Baucher, très probablement, s'était inspiré des ouvrages de ces maîtres, et, plus audacieux ou plus habile, il avait fait de leurs observations la base d'un système dont l'application complète était impossible.

Si, moins absolu dans sa manière de voir, moins aveuglé par sa célébrité, il avait su faire à la raison des concessions importantes, nul doute qu'une partie de ses doctrines n'eût été plus généralement adoptée. Son absolutisme n'a servi qu'à faire condamner sans appel un système dont le principe était bon.

Nous croyons intéresser nos lecteurs, en citant quelques passages des ouvrages de F. Grison et de Salomon de la Broue, (ce dernier nous a transmis les doctrines de son maître Pignatelli), relativement aux effets produits par les éperons.

Nous lisons dans l'*Écurie de Frédéric Grison* (1579), pages 56, 81 et 82 :

« Si le cheval ne va pas seulement parfois avec le col tors ou la « teste de costé, ains continuellement va en ceste sorte pendant, « rompu, mol et tors du costé gauche, le vous faudra lors chastier « non seulement de la bride ou avec l'esperon droit, mais sera bon « que vous luy appuyez le gras de vostre jambe droite sur le

« ventre joignant les sangles, et que vous le poigniez légèrement « de fois à autre de l'esperon de la mesme jambe, et aucunes fois « de cet esperon mesmes le piquerés à bon escient, et l'un ou « l'autre ferez-vous, plus ou moins, selon ce que plus ou moins « croistra ou diminuera sa faute. Et quand le cheval pour la peine « qu'il sentira continuelle du costé droit, tournera la teste celle « part, vous luy faudra incontinent lever la jambe et le talon « droit d'auprès du ventre, et à l'instant le caresser comme je « vous ay dit souvent. Et s'il tourne ou tord le col ou la teste à « main droite, le vous faudra châtier de la jambe et de l'éperon « gauche en mesme façon et de mesme ordre : car par ce moyen « toutes les fois qu'il sentira puis après vostre jambe s'accoster de « l'un ou de l'autre costé de son ventre, il ira incontinent bien « juste, et se tournera de tout tel costé que vous voudrez.

« Et outre cela, au lieu de le piquer des esperons du costé « duquel il a le col plus dur, aucunefois le vous faudra battre de « l'estrier, ou bien du bout du pié sous l'espaule du mesme costé : « car à ce moyen il se tournera de celle part pour regarder que « c'est qui le fasche et tourmente en cest endroit : et ainsi que je « vous ay dict paravant, lors luy ferez-vous caresses : et à ce « moyen vous verrez qu'il cessera d'aller mol et tors de la part « contraire, cognoissant la cause de son chastiement et à chacune « fois que vous le toucherez puis après, ou de la jambe ou de « l'esperon du costé contraire à celuy duquel il se tordra, tout « soudain il viendra égal et juste comme il appartient : et lors « vous pourrez retirer l'estrier au large, et ne vous sera plus « besoing de le travailler, ains le vous faudra plaisamment asseurer « avec caresses et pourrez user de l'une ou de l'autre forme de « chastiement, continuant celle que vous luy cognoistrez plus « propre, et ne discontinuerez point jusques à ce qu'il se soit « corrigé de son vice.

« Encore pour luy oster ce vice vous le pourrez bien chastier

« non de la bride, ou des esperons, ou du gras de la jambe, ou « de l'estrier, seulement, mais aussi de la baguette par le flanc ou « par le ventre au long des sangles, où on le picque coustumière- « ment pourvu que ce chastiement se feist à temps, et pareillement « du costé contraire : tellement que le chastiement ou le secours « qu'on luy fait des esperons seuls, se peut faire semblablement « de la baguette seule. Toutesfois, il se fait plus souvent des espe- « rons et est de plus grand effet, et sent mieux son expert che- « vaucheur que celuy de la baguette : combien que pour sa « plus grande correction encore vous luy pourriés bien bailler, « l'un et l'autre ensemble si vous cognoissiés qu'il en fust besoin, « et non pas autrement.

« Si vous voulez apprendre au cheval de mettre la teste entre « les jambes, et abaisser bas le mufle, et le picquant des esperons « (chose qui profite beaucoup en combattant) toutes les fois que « vous arresterez vostre cheval, s'il lève le nez en haut, le tenant « en ceste façon, vous le molesterez tantost le picquant de l'esperon « droit, tantost du gauche, tantost de tous les deux ensemble, et ferez « cela avec temps et mesure : et lors tiendrez ferme la main de « la bride et aucunes fois en ce mesme temps vous le presserez de « la main droite sur le col, et le forcerez de le baisser, et s'il « n'obéyst à vostre désir, lors en luy tirant la bride vous lui ferez « faire environ trois pas en arrière, qui feront peu plus peu moins « de cinq paumes : et puis après tout doucement vous le ferez « retourner là d'où vous estes parti, et ferez ainsi beaucoup de « fois, et en ce faisant toutes les fois que vous luy verrez allon- « ger le nez le vous faudra chastier de la forme que je vous ay « dicte : si tost que sentant le coup d'esperon, il aura seulement « une fois abaissé le muffle vers la poitrine, incontinent vous le « caresserez sans plus le battre, et sans force luy tirer la bride un « peu plus que de coustume.

« Et pareillement, quand le cheval ne se veut arrester ni tenir

« coy, si vous luy tenez la main ferme à temps, et le chastiez sem-
« blablement des esperons, or de l'un, or de l'autre, or de tous les
« deux ensemble, il recognoistra sa faute, et sans se mouvoir ni
« bouger du lieu où il se trouvera se tiendra coy et ferme sur les
« quatre pieds. »

Enfin, voici ce que dit Salomon de la Broue dans *Le Cavalerice françois* (1610), pages 87 et 165 :

« Or comme j'ay dit cy devant en quelques leçons des chevaux
« entiers, tout ainsi qu'en picquant et pressant de l'esperon sur
« cette partie chatouilleuse, qui est environ le coude du cheval,
« entre l'aisselle et la première sangle, on peut par le chatouille-
« ment ou par la douleur qui en procède, attirer la teste du cheval,
« du costé que ce moyen est pratiqué : aussi le peut-on quelque-
« fois contraindre de baisser la teste et d'approcher le nez vers la
« poitrine, (mesmement s'il est ramingue et fort sensible,) en le
« serrant discrettement des deux esperons, ensemble aux deux costez
« et és susdites parties, tenant les jambes les plus fermes qu'il sera
« possible. »

CHAPITRE IX

TRAVAIL A CHEVAL — ASSOUPLISSEMENTS EN PLACE

Flexions latérales de la mâchoire et de l'encolure; flexions directes. — Assouplissement de la croupe par des pirouettes renversées.— Du jeu de la main et des jambes pour récompenser le cheval; cession, remise et descente de main; descente de jambes.

ORSQUE les assouplissements à pied et à la cravache paraîtront suffisants, on assouplira le cheval, monté.

La première fois qu'on se mettra en selle, on fera tenir le cheval par un aide habile. Celui-ci, après s'être placé à la tête de l'animal, cherchera à le maintenir immobile, au moyen des quatre rênes. Une fois en selle, le cavalier se lèvera sur les étriers, puis retombera sur la selle, très légèrement d'abord, plus lourdement ensuite. Ce sera pour lui le moyen de s'assurer que l'animal supporte bien le poids de son corps.

Le cheval supportant bien le cavalier, celui-ci cherchera immédiatement à obtenir par les éperons la mobilité de la mâchoire et l'assouplissement de l'encolure, précédemment obtenus dans le travail à pied et à la cravache.

La mobilité de la mâchoire et l'assouplissement de l'encolure s'obtiennent par des flexions latérales et des flexions directes.

On devra toujours commencer les assouplissements par les flexions latérales, qui sont les plus faciles ; on les complètera par des flexions directes.

Nous rappellerons ici ce qu'on entend par flexions latérales et flexions directes.

On appelle *flexion latérale*, l'incurvation latérale de l'encolure produite par une tension plus marquée des rênes de mors et de filet sur un des côtés de la mâchoire.

On appelle *flexion directe*, le fléchissement direct de l'encolure obtenu par une égale tension des rênes de bride seules.

Flexions latérales de la Mâchoire et de l'Encolure.—Flexion à droite. — Mettre le cheval au milieu du manège ; placer un aide à sa tête ; prendre les rênes à l'anglaise ; tendre davantage les rênes droites, en dirigeant la main droite dans la direction de l'épaule gauche, pour placer le bout du nez à droite ; simultanément, rendre d'autant la main gauche, qui tient les rênes gauches, pour faciliter le mouvement, et glisser en arrière la jambe gauche, pour éviter le déplacement de la croupe à gauche ; enfin, rapprocher la jambe droite près de la sangle.

Cette position de mains et de jambes produit un effet diagonal droit.

Cet effet diagonal produit, on rapproche davantage les jambes du corps du cheval, la droite serrant plus fort que la gauche, et l'on attend que la mâchoire se décontracte.

Si la cession de mâchoire tarde à se produire, l'action des jambes devient graduellement plus forte : on touche ou l'on presse de l'éperon droit près de la sangle et l'on tient la jambe gauche rapprochée du flanc. Le rôle de l'éperon droit est d'amener la décontraction de la mâchoire; celui de la jambe gauche, de s'opposer au déplacement de la croupe.

On ne fait sentir l'éperon gauche que si la croupe se déplace.

Au début, les molettes des éperons doivent être émoussées ou recouvertes d'un morceau de peau; car on ne doit habituer le cheval à l'éperon que progressivement.

L'aide, au moment où les éperons se rapprochent du corps, se tient sur le qui-vive, prêt à saisir les rênes et à annuler les résistances, s'il venait à s'en produire.

Dès que la mâchoire se décontracte au contact de l'éperon droit, on cesse la tension des rênes, en portant les mains en avant, ce qui s'appelle : faire une *remise de main,* et l'on desserre ensuite les jambes, ce qui s'appelle : faire une *descente de jambes.*

L'action plus prolongée des jambes a pour but d'habituer le cheval à obéir plus spécialement à leurs indications et à voir en elles l'agent principal du commandement.

Si le cheval, cédant à la tension plus marquée des rênes droites, tourne le bout du nez à droite, sans décontracter sa mâchoire, l'action de la main doit se faire moins sentir, et celle des jambes, augmenter.

La cession obtenue, on rend la main, on desserre les jambes, on caresse l'animal et l'on provoque une cession nouvelle. Dans cette nouvelle demande, les jambes agissent les premières; la tension des rênes ne se fait qu'après.

L'action préalable des jambes sert d'avertissement à l'animal, le rend attentif et empêche en même temps le mouvement de recul, qui se produit généralement quand l'action d'une main inexpérimentée se fait sentir la première.

Les flexions latérales de la mâchoire, à gauche, s'obtiennent par l'effet diagonal gauche.

Toutes les fois que, dans un effet diagonal, le cheval ruera à la jambe agissant près de la sangle, c'est qu'il aura porté le poids de son corps sur le latéral opposé à cette jambe. Dans ce cas, pour obtenir la décontraction de la mâchoire, on fera sentir l'éperon gauche, qui est loin de la sangle, dans l'effet diagonal droit, et l'éperon droit, dans l'effet diagonal gauche.

Toutefois, on ne procédera de la sorte qu'au début, alors que, malgré des effets raisonnés, le cheval répartira mal le poids de son corps. Dès que, plus assoupli, l'animal répondra mieux aux effets employés, on aura soin, dans les effets diagonaux, de faire toujours primer l'action de l'éperon qui agit près de la sangle. Dans ces effets, ce jeu de l'éperon est le seul rationnel, parce que le pli de l'encolure, à droite ou à gauche, surchargeant le diagonal gauche ou droit, empêche le cheval de ruer à la jambe qui opère près de la sangle.

Progressivement, on fera les mêmes flexions latérales, au moyen des deux éperons, en ayant soin de faire primer toujours l'action de celui qui est près de la sangle.

Mais pourquoi, dira-t-on, l'application de l'éperon près de la sangle, à droite ou à gauche, fait-elle tourner le bout du nez à droite ou à gauche? Par cette raison toute simple que le cheval porte, instinctivement, sa tête à droite ou à gauche pour se débarrasser de ce qui le chagrine, quand il est piqué à une des parties antérieures de son corps, à droite ou à gauche. Que fait-il, en effet, quand une mouche le pique à une partie antérieure de son corps? Il la chasse avec sa tête. L'éperon appliqué près de la sangle remplit l'office de la mouche et attire la tête du cheval de ce côté. Par la même raison, l'action d'un éperon loin de la sangle, sur une partie postérieure du corps, fait lever un membre postérieur et en provoque l'engagement.

Les flexions latérales doivent être répétées, jusqu'à ce que la décontraction de la mâchoire s'obtienne au moindre effet de rênes et de jambes, et même sans rênes, au seul contact d'un éperon près de la sangle.

On arrive ainsi, progressivement, à obtenir des flexions latérales de l'encolure et de la mâchoire, à droite et à gauche, par la simple pression, près de la sangle, du mollet droit ou du mollet gauche.

On aura soin d'exercer davantage le côté qui offrira le plus de résistance.

Ces flexions latérales doivent également se faire par le jeu des quatre rênes, par celui des deux rênes de mors et par celui des deux rênes de filet. Lorsqu'elles se font facilement par la tenue

Fig. 20. — Flexion latérale de la Mâchoire et de l'Encolure à droite, le Cavalier tenant les Rênes à l'anglaise.

des rênes à l'anglaise (fig. 20), on les répète en tenant les rênes à l'allemande, la rêne droite de filet étant placée dans la main droite. (Fig. 21.)

Insensiblement, les flexions latérales de la mâchoire et de l'encolure sont accentuées; au besoin, on les fait complètes.

Lorsque, dans une flexion, le pli que l'on voulait imprimer à l'encolure est obtenu, la main qui accompagnait le mouvement latéral est maintenue fixe, et l'action du mors se fait également sentir sur les barres. Simultanément, les jambes agissent : l'une, près de la sangle, pour entretenir le pli et la mobilité de la mâchoire, l'autre, loin de la sangle, pour prévenir le déplacement de la croupe.

Toutes les fois que, l'encolure pliée, on obtient la décontraction des mâchoires, il faut s'empresser de faire une remise de main, suivie d'une descente de jambes.

L'exécution des flexions latérales étant facile, on passe aux flexions directes.

Fig. 21. — Flexion latérale de la Mâchoire et de l'Encolure à droite, le Cavalier tenant les Rênes à l'allemande.

Flexions directes de la mâchoire et de l'encolure. — On obtient des flexions directes, en faisant porter légèrement le mors sur les barres, par une égale tension des rênes de bride, et en pressant des deux jambes près des sangles, jusqu'au toucher des éperons.

Ce jeu des aides produit un effet d'ensemble.

On tient les rênes à l'anglaise, pour commencer (fig. 22), et à l'allemande, plus tard. (Fig. 23.)

Dans les flexions directes, les éperons doivent être sur la même ligne. Ils agissent très près des sangles quand le cheval a une tendance à se porter en avant, et plus en arrière, quand il a une tendance à reculer.

L'action des aides, d'abord légère, devient graduellement plus grande, quand une résistance se produit.

Par mesure de précaution, un aide se tient à la tête du cheval, dans les commencements.

Lorsque la résistance se prolonge, il n'est pas mauvais de pincer des deux éperons, près des sangles. Dans ce cas, les jambes doivent toujours rester adhérentes; seuls, les talons s'éloignent et se rapprochent du corps du cheval, pour faire un léger pincer. Dans ces premiers pincers, l'aide, à la tête du cheval, saisit les

Fig. 22. — Flexion directe de la Mâchoire et de l'Encolure, par le toucher des éperons, près des Sangles. Tenue des Rênes à l'anglaise.

rênes pour maintenir l'animal en place et empêcher ou paralyser ses défenses. (Fig. 24).

Dès qu'à la suite d'un effet d'ensemble ou d'une légère attaque, la mâchoire se mobilise, on fait une *descente de main* et l'on conserve les jambes près, jusqu'à ce que le cheval mette le nez par terre.

L'aide facilite ces premiers mouvements d'abaissement en pesant sur les rênes de filet, de haut en bas. (Fig. 25.)

De même que, dans les flexions latérales, le cheval fait des cessions de mâchoire à droite ou à gauche, selon qu'il est piqué près de la sangle, à droite ou à gauche; de même, dans les flexions directes, il cède directement, parce qu'étant piqué simultanément près de la sangle, à droite et à gauche, il ne peut tourner sa tête ni à droite ni à gauche.

Dans une flexion directe, le bout du nez et le chanfrein doivent être sur la même ligne, perpendiculairement au sol.

Dans toutes ces flexions, l'action des jambes doit progressivement devenir supérieure à celle de la main : la main indique le mouvement, les jambes le font exécuter.

C'est en faisant primer l'action des jambes, qu'on arrive insensiblement à maîtriser la tête et l'encolure, sans le secours des rênes.

Fig. 23. — Flexion directe de la Mâchoire et de l'Encolure. Tenue des Rênes à l'allemande.

La mâchoire et l'encolure une fois assouplies, on passera à l'assouplissement de la croupe.

Assouplissement de la croupe. — Pirouettes renversées. — Nous avons déjà dit, dans le travail à pied et à la cravache, qu'on assouplissait la croupe par des pirouettes renversées.

Les pirouettes renversées se font au milieu du manège; sur la piste, on ne peut faire que des demi-pirouettes renversées.

Les pirouettes renversées, le cheval étant monté, se commencent de la même façon que dans le travail à pied, c'est-à-dire qu'on les fait d'abord sans exiger la fixité du pivot et qu'on les termine en exigeant l'immobilité du membre antérieur servant de pivot.

Le cheval étant monté, les pirouettes renversées s'obtiennent :

1° Par l'effet latéral;

2° Par l'effet direct;

3° Par l'effet diagonal.

Fig. 21. — Flexion directe, par le Pincer des deux éperons, près des Sangles.

Effet latéral. — Un aide exercé se place à la tête du cheval, une cravache à la main, prêt à seconder le cavalier. Celui-ci, tenant les rênes à l'anglaise, mobilise la croupe à droite ou à gauche : à droite, par l'effet latéral gauche, à gauche, par l'effet latéral droit.

Dans un effet latéral, il ne suffit pas de tendre davantage les rênes qui agissent latéralement; il faut encore les ouvrir, c'est-à-dire les écarter légèrement de l'encolure. Cet écartement des rênes favorise la rotation de la croupe et ne provoque pas l'acculement, ce qui arrive quand la tension est trop directe.

Lorsque, dans une pirouette renversée, le cavalier fait un effet latéral gauche, il doit avoir soin de peser davantage sur l'étrier droit, pour entraîner la masse à droite. La jambe droite qui pèse sur l'étrier doit tomber le long de la sangle. C'est l'inverse qui a lieu dans l'effet latéral droit.

Dans un effet latéral gauche, le cavalier fait de légères pres-

Fig. 25. — Abaissement de l'Encolure, à la suite d'une Flexion directe.

sions de jambe gauche, pour faire fuir la croupe à droite. Si le cheval n'obéit pas à cette indication, l'aide, qui se tient à sa tête, pèse légèrement avec la main gauche sur les rênes gauches, et dirige vers le flanc gauche la cravache, tenue dans la main droite, en disant avec douceur : Tourne! Tourne! Pendant ce temps, le cavalier continue toujours ses pressions de jambe gauche.

Ces moyens étant insuffisants, le cavalier touche le cheval de l'éperon gauche, loin de la sangle, et l'aide applique la cravache sur le flanc gauche.

Dès que la croupe s'est déplacée, le cavalier et l'aide cessent tous les effets et caressent le cheval, puis, après un court repos, répètent la même demande.

Le mouvement s'exécutant bien à droite, on cherche à l'obtenir à gauche, d'après les mêmes principes et par des moyens inverses.

Lorsque la croupe se déplace facilement des deux côtés, l'aide se contente de rester à la tête du cheval, prêt à assister le cavalier, qui fait seul les effets voulus.

Si nous recommandons d'avoir près de soi un aide, au début, c'est que, grâce à cet auxiliaire, on évite bien des défenses, qui, si le cheval a le dessus, retardent considérablement le dressage.

Effet direct. — On emploie l'effet direct, lorsque le cheval obéit facilement à l'effet latéral.

L'effet direct consiste dans une égale tension des rênes, qui maintient la tête du cheval droite, et l'action déterminante d'une jambe, loin de la sangle.

Par l'effet direct, le déplacement de la croupe se faisant par l'action seule de la jambe, les membres antérieurs décrivent un cercle moins grand que par l'effet latéral. On revient néanmoins à ce dernier effet toutes les fois qu'une résistance se produit.

Effet diagonal. — Le mouvement s'obtenant avec facilité par l'effet direct, on mobilise la croupe par l'effet diagonal seul. Cet effet, surchargeant le diagonal opposé au côté du pli, immobilise de plus en plus le membre antérieur servant de pivot, c'est-à-dire le membre antérieur gauche, si le pli est à droite, et le membre antérieur droit, si le pli est à gauche.

A mesure que la fixité du pivot se confirme, on cherche à obtenir la mise en main pendant l'exécution de la pirouette renversée.

A cet effet, quand le pli est à droite, on fait agir l'éperon droit derrière la sangle, pendant que l'éperon gauche déplace la croupe. L'éperon gauche est appliqué près de la sangle, quand le pli est à gauche.

En exécutant une pirouette renversée, le cavalier évitera de regarder celle de ses jambes qui déplace la croupe, parce qu'en agissant ainsi, il porterait, à son insu, le poids du corps du côté opposé au mouvement.

Pendant l'exécution complète d'une pirouette renversée, il est bon de faire plusieurs arrêts et, après chaque arrêt, plusieurs flexions latérales et complètes de la mâchoire et de l'encolure. Ces flexions se feront à droite, si la pirouette renversée se fait à droite, et à gauche, si elle se fait à gauche.

On obtient l'arrêt à droite, en cessant l'action de la jambe gauche et en glissant loin de la sangle la jambe droite qui, précédemment, pendant l'exécution de la pirouette renversée, était appliquée près de la sangle. On obtient l'arrêt à gauche par des effets inverses.

Du jeu de la main et des jambes pour récompenser le cheval. — La main récompense le cheval de trois manières différentes : par cession, par remise et par descente.

La cession de main se fait en desserrant les doigts;

La remise de main, en portant la main un peu en avant sur l'encolure;

La descente de main, en abandonnant complètement les rênes, dont l'extrémité est tenue entre le pouce et les deux premiers doigts de la main droite.

Ces diverses actions de la main doivent être subordonnées au degré d'obéissance du cheval. On rendra d'autant plus que la docilité sera plus grande.

Les jambes, en diminuant leurs effets, récompensent également le cheval.

Selon que les éperons pincent, pressent ou touchent, ou que l'action du mollet se fait seule sentir, la puissance des aides inférieures devient graduellement moins grande.

Pour prouver au cheval toute sa satisfaction, le cavalier, à la suite d'un mouvement bien exécuté, ouvre complètement les jambes, c'est-à-dire les desserre depuis le genou jusqu'au talon. C'est en cela que consiste la *descente de jambes.*

La descente de jambes ne doit se faire qu'après une descente de main.

Nous répéterons une fois encore que, pendant toute la durée des assouplissements en place, il faut faire dépenser au cheval sa vigueur, soit en le faisant promener à la main, soit en le faisant trotter à la longe, soit en le montant au pas et au trot sur des lignes droites, s'il supporte facilement le cavalier.

Si le cheval est difficile et qu'on veuille absolument le monter, l'aide lui met un caveçon et le fait marcher à la longe, au pas et au trot, sur le cercle.

CHAPITRE X

TRAVAIL A CHEVAL — DU RECULER

Assouplissement des reins et des jarrets. — Reculer.

'ASSOUPLISSEMENT des reins et des jarrets s'obtient par le reculer.

Le reculer est un mouvement en deux temps et en diagonale. Il ne peut régulièrement se faire qu'avec la mise en main. Sans la mise en main, le reculer est défectueux, parce que toute élévation de la tête, surchargeant l'arrière-main, entrave le lever des membres postérieurs. Pour faciliter la mise en main, on se servira exclusivement des rênes de bride et jamais de celles de filet.

Le reculer doit se commencer sur la piste, le long du mur, pour n'avoir à s'occuper du déplacement de la croupe que d'un seul côté.

Le mouvement, étant en deux temps et en diagonale, ne peut être obtenu que par des effets diagonaux et successifs.

Pour faire utilement ces effets diagonaux, il faudra préalablement s'assurer de la position des membres antérieurs. La position des épaules indiquera celle de ces membres.

Si la pointe de l'épaule gauche, par exemple, dépasse celle de l'épaule droite, le membre antérieur gauche sera plus en avant que le droit, et réciproquement. Si la pointe des deux épaules est sur la même ligne, les deux membres y seront aussi.

Après avoir regardé dans la direction des épaules, ce qui doit se faire sans déplacer le haut du corps, le cavalier sera donc dans les conditions voulues pour commencer le reculer.

Comme nous l'avons déjà dit dans le travail à pied et à la cravache, on peut, si les épaules sont sur la même ligne, faire reculer indistinctement l'un ou l'autre des diagonaux; mais, si l'un des membres antérieurs est en avant de l'autre, c'est le diagonal dont fait partie le membre le plus avancé qui doit reculer le premier.

Si, les membres antérieurs étant sur la même ligne, on veut faire reculer le diagonal gauche, on s'y prend de la façon suivante :

D'abord on fait un effet d'ensemble. Cet effet d'ensemble a pour but de fixer l'attention du cheval et de le prévenir qu'une demande va lui être faite. Cet effet d'ensemble est suivi d'un effet diagonal gauche.

Par cet effet, on obtient : 1° le pli à gauche, par la tension plus marquée de la rêne gauche, et, par suite, la surcharge du diagonal droit; 2° la mise en main, par l'action de l'éperon gauche près de la sangle; 3° la rectitude de la croupe et le lever du membre postérieur droit, par l'application de l'éperon droit sur le flanc. L'effet diagonal produit, il suffit, pour obtenir la marche rétrograde, d'augmenter légèrement la puissance des aides et de porter le haut du corps en arrière.

On fait reculer le diagonal droit d'après les mêmes principes, au moyen d'un effet diagonal droit.

Lorsque les membres antérieurs ne sont pas sur la même ligne, on commence par faire reculer le diagonal gauche, si le membre antérieur gauche est plus en avant que le droit; et le diagonal droit, dans le cas contraire.

Il est nécessaire, dans les premiers temps de reculer, de faire des effets diagonaux différents et successifs, mais, dès que le mouvement est déterminé, il suffit, pour l'entretenir, d'avoir la main fixe, de porter le haut du corps en arrière et de faire alternativement des pressions de jambe à droite et à gauche.

La pression de la jambe droite se fait toutes les fois que le membre antérieur droit tombe à l'appui (fig. 26); celle de la jambe gauche a lieu au moment de chaque appui du membre antérieur gauche.

Dans ce jeu alternatif des aides inférieures, la pression de

Fig. 26. — Reculer. La pression de la Jambe droite se fait toutes les fois que le Membre antérieur droit tombe à l'appui.

jambe, qu'elle soit accompagnée ou non du toucher de l'éperon, se fait plus en arrière que le passage des sangles.

Elle se fait en arrière du passage des sangles, parce qu'elle a pour but de provoquer le lever d'un membre postérieur; elle se fait au moment de l'appui d'un membre antérieur, parce qu'à ce moment seul, elle est efficace.

En effet, la pression de la jambe droite, en arrière des sangles, au moment où l'antérieur droit tombe à l'appui, appui qui coïncide avec le lever de l'antérieur gauche, la pression de la jambe droite, disons-nous, provoque le lever du membre postérieur droit et le fait reculer en même temps que l'antérieur gauche.

Cette pression de jambe, faite à cet instant précis, favorise donc la régularité du mouvement, lequel doit se faire en deux temps et en diagonale.

De même, la pression de la jambe gauche, au moment de l'appui du membre antérieur gauche, provoque le mouvement rétrograde du diagonal droit.

Il va sans dire que le cavalier qui base ses demandes sur les appuis des membres antérieurs, a été habitué à les sentir. Nous indiquerons plus loin de quelle façon on s'habitue à sentir ces appuis.

Lorsque, dans le reculer, la croupe se déplace, soit à droite, soit à gauche, on la redresse en glissant plus en arrière la jambe droite ou gauche. Si cet effet de jambes est insuffisant, on fait un effet latéral droit ou gauche, en touchant de l'éperon.

Il faut, dès qu'on a obtenu régulièrement quelques temps de reculer, arrêter le mouvement et reporter le cheval en avant. On arrête le mouvement, en cessant le jeu des aides. On reporte le cheval en avant, en glissant de nouveau les jambes en arrière, sur la même ligne, en rendant la main et en inclinant le haut du corps en avant.

On ne demande le reculer au milieu du manège, que lorsqu'il s'obtient sur la piste, sans déplacement de croupe.

Le reculer au milieu du manège, sans que la croupe se déplace, est difficile. C'est dans ce travail qu'on peut apprécier le degré de dressage du cheval et la finesse du cavalier.

On rencontre des chevaux qui éprouvent de la difficulté à

reculer en deux temps et qui reculent en quatre temps. On combattra cette difficulté en exerçant ces chevaux à mobiliser, non montés, alternativement chaque diagonal, plusieurs fois de suite. La régularité du mouvement obtenue à pied, le sera aussi à cheval, si la mise en main est sévère.

CHAPITRE XI

TRAVAIL A CHEVAL — ASSOUPLISSEMENTS EN MARCHANT

Exercices au Pas sur la ligne droite; Arrêt; mise en main par des effets direct et diagonaux. Travail au pas sur le cercle.

Exercices au Pas sur la ligne droite. — Les assouplissements en place et par la marche rétrograde une fois obtenus — et ils s'obtiennent très vite — on commence les assouplissements au pas.

Le travail au pas joue, dans le dressage, le rôle le plus important. C'est au pas, en effet, qu'on habitue le plus facilement le cheval au jeu des aides, parce que, l'allure étant lente, les demandes peuvent se faire avec plus de précision et de justesse. Aussi, Baucher a-t-il dit, avec raison, que le Pas est la *mère des allures*.

C'est au pas qu'on obtient le plus facilement le ramener, la mise en main, l'arrêt, la marche de côté. C'est au pas normal que l'écuyer de haute école rassemble son cheval et le cadence; et tout le monde sait, qu'une fois rassemblé, le cheval est dressé ou peu s'en faut.

Étant donnée l'importance de ce travail, nous conseillons donc de ne demander l'exécution régulière des mouvements au Trot et au Galop, que lorsque celle des mouvements au Pas est parfaite.

Le cheval étant sur la piste, on le fait passer de l'immobilité au Pas, en rendant la main, en inclinant légèrement le haut du corps en avant et en glissant, sans brusquerie et sans force, les jambes en arrière.

Dans le travail au Pas, on tient, d'abord, les rênes à l'anglaise. Ce n'est que lorsque le cheval obéit bien à l'action des rênes, qu'on tient celles-ci à l'allemande.

Le cheval une fois au Pas, on lui fait faire un ou deux tours de manège, la tête libre, maintenue droite cependant, ce qui s'obtient par un égal ajustement des rênes de filet. On se contente d'être en contact avec la bouche de l'animal par une tenue de rênes légère, et avec son corps, par une légère pression des jambes près des sangles.

Après un tour ou deux de manège, on provoque les premiers arrêts, en serrant davantage les jambes près des sangles, en déplaçant le haut du corps en arrière et en augmentant la tension des rênes de mors.

Si, malgré ces effets, l'arrêt n'est pas obtenu, on augmente graduellement la pression des deux jambes, sans augmenter toutefois la tension des rênes. Au besoin, on touche des deux éperons jusqu'à l'obtention de l'arrêt. Au début, nous l'avons déjà dit, les molettes des éperons doivent être émoussées ou recouvertes d'un morceau de peau.

Si, supportant difficilement le contact, nouveau pour lui, des éperons, le cheval accélère l'allure ou se défend, au lieu de s'arrêter, l'aide se met à sa tête et l'arrête.

Le cheval une fois arrêté, on l'habitue, sans plus tarder, à supporter les éperons. Pour cela, on fait successivement plusieurs pressions des deux éperons près des sangles, pendant que l'aide, toujours à la tête du cheval, le maintient en place et paralyse ses défenses, s'il s'en produit. Pendant ces exercices, les rênes de mors sont légèrement tendues, de manière à agir sur les barres. Toutes les fois que, à la pression des éperons, les mâchoires se décontractent, l'aide cesse ses effets de main, sans se dessaisir des rênes. Quant au cavalier, il continue à toucher ou à presser des deux éperons, jusqu'à ce que le cheval, les rênes étant flottantes, reste immobile, mâchant son mors. La descente de jambes se fait après la soumission, en guise de récompense. Après la descente de jambes, on a soin de caresser le cheval et de lui parler avec douceur.

Ces premières marques de soumission obtenues, l'aide s'éloigne et le cheval est reporté en avant. Pendant la marche, on l'arrête à diverses reprises, en répétant les précédents effets d'ensemble.

On l'habitue également à *l'arrêt par la crinière.* A cet effet, en même temps qu'on applique les jambes près des sangles, on saisit avec la main droite une poignée de crins que l'on tire à soi, jusqu'à ce que l'arrêt par les rênes et les jambes soit obtenu. A ce moment, après avoir fait successivement une remise de main et une descente de jambes, on abandonne en dernier lieu la poignée de crins. En très peu de temps, le cheval prend l'habitude de s'arrêter ou de se ralentir, selon que l'on tire sur la crinière avec plus ou moins de force.

Lorsque l'arrêt s'obtient facilement pendant la marche, on répète, après chaque arrêt, des effets d'ensemble sur place. On a soin, à toute cession de mâchoire, de faire une remise de main, suivie d'une descente de jambes. Quand, après une descente de jambes, on veut provoquer une nouvelle mise en main, on rapproche d'abord les jambes des sangles et en second lieu on ajuste les rênes.

Suivant ce qui se passe, on applique les deux éperons plus ou moins près des sangles. La pression se fait très près des sangles, lorsque le cheval a une tendance à se porter en avant à l'approche des jambes; elle a lieu plus en arrière, lorsqu'il a une tendance à reculer. Il faut, en un mot, que les éperons agissent toujours à la place où leur effet est le plus certain.

C'est en répétant fréquemment ces effets de mains et de jambes qu'on rend le cheval léger, obéissant, qu'on l'habitue à supporter les éperons, en un mot, qu'on le prépare au renfermer.

On appelle *renfermer*, l'effet d'ensemble produit par une énergique pression des éperons près des sangles et une tension plus ou moins grande des rênes de bride, tenues directes.

Le renfermer annule la volonté du cheval; il le discipline et l'immobilise. C'est le moyen de domination le plus sûr et le plus puissant.

Le renfermer doit être employé toutes les fois qu'une résistance sérieuse se produit, ainsi que dans toutes les situations critiques. La puissance de son action persiste jusqu'à ce que le cheval se soumette, sous l'empire de la douleur et de la crainte. Le cheval qui a été confirmé dans le renfermer, cède immédiatement dès que les éperons se rapprochent des sangles.

Au début du dressage, il arrive que certains chevaux nerveux, irritables, frappent le sol avec les membres antérieurs ou font jambette, dès qu'on approche les éperons près des sangles. Ces chevaux étant très sensibles, il suffira, pour les corriger de ce défaut, de placer à leur tête un aide qui tiendra une cravache horizontalement devant les membres antérieurs. Par ce moyen, ceux-ci se heurteront d'eux-mêmes, toutes les fois qu'ils se lèveront, ce qui fera disparaître rapidement cette mauvaise habitude.

Lorsque, pendant la marche, l'arrêt sera obtenu par l'action prédominente des jambes, on remarquera que les pieds postérieurs sont engagés sous le centre, en avant du centre de mouvement des hanches. On remarquera, au contraire, que les pieds restent en arrière de ce centre de mouvement, quand l'action de la main est supérieure à celle des jambes.

Ce résultat n'a rien de surprenant. En effet, l'action prédominante de la main, produisant une force d'avant en arrière, détermine le cheval à opposer une résistance en sens contraire, résistance nécessaire à son équilibre, ce qui ne lui est possible qu'en augmentant l'étendue de sa base de sustentation par les membres postérieurs.

Pendant la marche au pas, il faut provoquer le plus souvent possible la mise en main par des effets d'ensemble. Après chaque cession de mâchoire, on fera une descente de main et l'on conservera les jambes près, jusqu'à ce que le cheval marche en main, la tête basse. A ce moment, on desserrera les jambes.

C'est par ce jeu de mains et de jambes, souvent répété, qu'on obtiendra une légèreté constante.

Si, dans la marche au pas, le cheval s'obstine à sortir de la main, on le fera marcher en tenant constamment les éperons au poil, près des sangles.

S'il se porte en avant avec trop d'ardeur, au lieu de se ralentir et de se mettre en main, on le fera immédiatement reculer de quelques pas.

Lorsque la mise en main, en marchant au pas, s'obtiendra facilement par des effets directs, on cherchera à l'avoir avec le pli, c'est-à-dire le bout du nez légèrement tourné à droite ou à gauche. La mise en main avec le pli s'obtient par un effet diagonal. Dans ces demandes, les rênes seront tenues à l'allemande, la rêne droite de filet dans la main droite, les trois autres rênes dans la main gauche.

Le pli doit toujours être peu prononcé pendant la marche ; il faut simplement que le cavalier aperçoive le bout du nez du cheval, du côté où se porte la tête. Une flexion plus complète de l'encolure ne peut, rationnellement, être exigée en marchant.

Le pli à droite s'obtient par l'effet diagonal droit, c'est-à-dire par jambe droite près de la sangle, jambe gauche sur le flanc, et rêne droite de filet écartée légèrement de l'encolure. Le pli à gauche s'obtient par l'effet diagonal gauche. S'il se produit une résistance, on la combat et on l'annule, en faisant, près de la sangle, une pression de l'éperon, du côté où l'on veut obtenir le pli. Au besoin, l'action des deux éperons se fait sentir à la place où se trouvent les jambes dans l'effet diagonal.

On dit qu'on travaille les *deux bouts en dedans,* suivant l'expression de La Guérinière, lorsque le cheval, marchant sur la piste, a le bout de son nez tourné vers l'intérieur du manège.

On travaille les *deux bouts en dehors*, lorsque le cheval, marchant sur la piste, a le bout du nez tourné du côté du mur.

Dans la marche au pas, il est bon de varier souvent ses effets, d'en faire alternativement de latéraux, de directs, de diagonaux.

Dans ces demandes, on diminuera progressivement l'action des rênes et l'on fera primer de plus en plus celle des jambes. On arrivera ainsi, rapidement, à mettre le cheval en main, sans le secours des rênes. On maintiendra la tête directe, par le simple toucher des deux éperons près de la sangle, et l'encolure légèrement infléchie à droite ou à gauche, par le simple toucher, près de la sangle, de l'éperon droit ou de l'éperon gauche.

On ne travaillera sur des lignes courbes que lorsque les mouvements sur la ligne droite s'éxécuteront régulièrement.

Travail sur le cercle. — Le travail sur le cercle est plus difficile que celui sur la ligne droite. Il nécessite de la part du cavalier une attention plus soutenue, un jeu des aides plus varié. En effet, selon que la croupe reste sur le cercle ou en sort, le cavalier est obligé de faire des effets diagonaux ou latéraux. Par suite, le travail sur le cercle confirme les leçons précédemment données au cheval. Il le prépare également à exécuter des doublers, changements de main, demi-voltes, voltes, demi-pirouettes et pirouettes. Enfin, il a l'avantage de ralentir l'allure, avantage qu'on appréciera surtout à l'allure du trot et à celle du galop.

Dans un manège, on figure une piste circulaire en *inscrivant* un cercle dans l'une des moitiés du manège.

Dans le travail régulier sur le cercle, le bout du nez du cheval doit être légèrement tourné vers l'intérieur du cercle. Il faut donc que les rênes du dedans agissent plus efficacement que les rênes du dehors, et que la jambe du dedans soit appliquée près de la sangle, pour entretenir le pli donné par la main. Quant aux rênes du dehors, elles doivent modifier l'effet des rênes du dedans pour empêcher que les épaules ne rétrécissent le cercle. La jambe du dehors, placée en arrière, loin de la sangle, veille à ce que la croupe ne se jette pas en dehors et passe par la même ligne que les épaules.

Les exercices sur des lignes courbes étant plus fatigants que ceux sur des lignes droites, on travaillera d'abord sur un cercle très grand. Ce cercle sera graduellement rétréci, ce qui préparera le cheval aux voltes; finalement, on travaillera alternativement sur des cercles grands et petits.

On travaillera aux deux mains et l'on changera de main sur le cercle.

Le changement de main sur le cercle s'exécute par une ligne sinueuse qui, partant d'un point du cercle, passe par son centre et se termine au point opposé. Cette ligne a la forme d'un S.

Le travail sur le cercle sera immédiatement suivi de doublers, demi-voltes, voltes, demi-pirouettes et pirouettes en marchant. Ces divers mouvements ne pouvant être exécutés qu'à un moment précis de la marche, il est nécessaire que le cavalier ait été préalablement habitué à sentir les appuis des membres antérieurs.

CHAPITRE XII

TRAVAIL A CHEVAL — DU SENTIMENT DES APPUIS ANTÉRIEURS

Impressions que reçoit l'assiette du cavalier à l'allure du pas. — Manière d'habituer le cavalier à sentir les appuis des membres antérieurs. — Doublers. — Demi-voltes et voltes. — Pirouettes en marchant.

Impressions que reçoit l'assiette du cavalier à l'allure du Pas. — Le Pas étant une allure en quatre temps, il serait assez naturel que l'assiette du cavalier reçût quatre secousses successives dans un pas de Pas. Il n'en est rien, pourtant : les appuis des membres antérieurs sont seuls perceptibles; l'assiette ne reçoit que deux secousses. L'une d'elles est ressentie par la pointe de la fesse gauche, au moment de chaque appui du membre antérieur gauche; l'autre, par la pointe de la fesse droite, au moment de chaque appui du membre antérieur droit.

Une secousse est ressentie au moment de l'appui de chaque membre antérieur, parce que, toutes les fois qu'un antérieur tombe à l'appui, il arrête brusquement l'impulsion donnée par l'arrière-main.

Chaque secousse ressentie à droite renvoie légèrement l'assiette vers la gauche; chaque secousse ressentie à gauche rejette l'assiette vers la droite. Il en résulte une sorte de balancement léger, de droite à gauche et de gauche à droite, qui rend plus perceptible chaque appui antérieur, gauche ou droit.

Quant aux appuis des membres postérieurs, on ne les sent pas. Néanmoins, les réactions de la croupe existent, ainsi que le prouvent les courbes données par la méthode graphique; mais ces courbes sont si peu accusées, comparativement à celles du garrot, qu'il n'est pas étonnant qu'on ne sente pas les appuis postérieurs.

Manière d'habituer le cavalier à sentir les appuis des membres antérieurs. — Pour habituer le cavalier à sentir les appuis des membres antérieurs, l'instructeur lui prescrit de regarder dans la direction des épaules du cheval, pendant la marche au pas. Il lui fait observer que la pointe de chaque épaule s'élève et s'abaisse alternativement, et que c'est au moment où la pointe d'une épaule s'abaisse, que l'appui du membre du même côté va se produire. Cette observation faite, il lui recommande de s'occuper exclusivement du jeu d'une épaule, de l'épaule gauche, par exemple, de dire à haute voix : *un!* et de faire une légère pression de jambe gauche toutes les fois que l'épaule gauche s'abaisse, c'est-à-dire au moment où va se produire l'appui du membre antérieur gauche. Le même exercice est répété à droite.

Dès que le sentiment des appuis des membres antérieurs commence à passer dans l'assiette du cavalier, l'instructeur lui fait compter dix appuis à gauche, puis dix appuis à droite, en regardant en l'air, jusqu'à ce qu'il ne se trompe plus.

Il lui prescrit ensuite de compter jusqu'à dix les appuis de chaque membre, dans leur succession naturelle, en regardant dans la direction des épaules, et de faire des pressions alternatives de jambes : à droite, au moment de chaque appui antérieur droit; à gauche, au moment de chaque appui antérieur gauche.

Le même exercice est répété sans regarder dans la direction

des épaules. A dessein, l'instructeur fait ralentir et accélérer l'allure pour fixer davantage l'attention du cavalier. Lorsque celui-ci ne se trompe plus, que l'allure soit ralentie, normale ou accélérée, c'est qu'il se rend parfaitement compte du moment des appuis des membres antérieurs.

C'est en ces pressions alternatives de jambe, au moment des appuis successifs des membres antérieurs, que consiste le *jeu alternatif et raisonné des jambes*.

Le sentiment des appuis des membres antérieurs joue en équitation un rôle considérable. Le cavalier qui ne pourra arriver à sentir ces appuis, devra renoncer à faire de l'équitation raisonnée, car toutes les demandes rationnelles sont basées sur les appuis des membres antérieurs. A ce sujet, nous formulerons même la règle suivante :

Règle générale. — A toutes les allures marchées ou sautées, tous les mouvements à gauche doivent être exécutés au moment de l'appui du membre antérieur droit, et tous ceux à droite, au moment de l'appui du membre antérieur gauche.

Nous démontrerons, dans les études qui vont suivre, la justesse de ce précepte.

Doublers. — Le *doubler* se fait généralement sur un des grands côtés du manège.

Il consiste, le cheval marchant sur la piste, dans l'exécution d'un quart de cercle qui place l'animal perpendiculairement à l'autre grand côté, vers lequel il est dirigé. En arrivant au mur, on repart à la même main que précédemment.

Les doublers, comme tous les mouvements exécutés pendant la marche, doivent être subordonnés aux appuis des membres antérieurs.

On fait un doubler à gauche, au moment où le membre antérieur droit tombe à l'appui (fig. 27) et un doubler à droite, au moment de l'appui du membre antérieur gauche.

Les doublers se font à cet instant précis, parce que c'est le seul moment où ils peuvent être régulièrement exécutés. En effet, au moment où le membre antérieur droit, par exemple, tombe à l'appui, le pied postérieur gauche, qui va construire presqu'immédiatement la base diagonale droite, succédant à la base latérale droite, est engagé sous le centre. Par suite, il peut servir de pivot à l'exécution du quart de cercle à gauche dont se compose le mouvement. C'est pour une raison du même ordre que le mouvement à droite doit être exécuté au moment de l'appui du membre antérieur gauche.

Fig. 27. — Instant de la marche au Pas où doivent se faire les doublers, demi-voltes, voltes, demi-pirouettes et pirouettes à gauche.

Le doubler se fait au moyen d'un effet latéral, c'est-à-dire par rène et jambe du dedans, si le cheval ne répond qu'imparfaitement à l'action des aides. Il se fait par l'effet diagonal, lorsque le dressage est plus avancé. Dans ce cas, la jambe du dehors fixe la croupe.

Demi-voltes et Voltes. — La *demi-volte* consiste dans l'exécution d'un demi-cercle, suivi d'une ligne diagonale qui ramène le cheval sur la piste. La demi-volte fait changer de main ; elle ne doit pas dépasser le milieu du manège.

La *volte* est le cercle complet que le cavalier fait décrire à son cheval, en le dirigeant vers l'intérieur du manège. La volte se commence à un point quelconque de la piste et se termine au même point. Elle ne fait pas changer de main ; elle ne doit pas dépasser le milieu du manège.

Les voltes et les demi-voltes à droite s'exécutent au moment de l'appui du membre antérieur gauche ; celles à gauche, au moment où le membre antérieur droit tombe à l'appui. (Fig. 27.)

Pirouettes en marchant. — La pirouette est un cercle décrit par les épaules autour de la croupe ; la demi-pirouette n'est que l'exécution du demi-cercle.

La demi-pirouette s'exécute sur la piste ; la pirouette complète, au milieu du manège ou sur une piste intérieure.

Le cheval étant monté, les premières pirouettes ou demi-pirouettes doivent être exécutées pendant la marche, et non de pied ferme. Pendant la marche, elles sont plus faciles. En effet, si on les exécute en se basant sur les appuis des membres antérieurs, le membre postérieur, servant de pivot, se trouve naturellement engagé, ce qui rend facile l'exécution du mouvement. Au contraire, l'exécution des pirouettes de pied ferme, nécessitant l'engagement préalable d'un membre postérieur, n'est possible qu'avec un cheval habitué au rassembler. C'est pour ce motif qu'il ne faut faire ces dernières que plus tard, lorsque le dressage est très avancé.

On fait la pirouette à droite au moment de l'appui du membre antérieur gauche ; celle à gauche, au moment de l'appui du membre antérieur droit. (Fig. 27.)

CHAPITRE XIII

TRAVAIL A CHEVAL — EXERCICES DE DEUX PISTES AU PAS

Des pas de côté. — Changements de main diagonaux d'une et de deux pistes. — Appuyers par tête au mur et croupe au mur. — Contre-changements de main. — Voltes et demi-voltes de deux pistes.

es Pas de côté. — Dès que le cheval marche au pas sur des lignes droites et courbes, ramené, en main, plié, on exige de lui les premiers pas de côté.

Jusqu'à présent, le cheval monté n'a travaillé que d'une piste.

« Le cheval va d'une piste, dit la Guérinière (*École de cava-« lerie*, 1754), lorsqu'il marche droit sur une même ligne, et que « les pieds de derrière suivent et marchent sur la même ligne « que ceux de devant.

« Il va de deux pistes, lorsqu'il va de côté; et alors les pieds « de derrière décrivent une autre ligne que ceux de devant. »

Rationnellement, la marche de côté devrait s'appeler travail des quatre pistes, parce que chaque pied suit, en réalité, une ligne différente.

Dans le travail de deux pistes, de gauche à droite, les pieds gauches passent par dessus les pieds droits, et les croisent. Le contraire se produit dans l'appuyer de droite à gauche.

Nous avons déjà dit que la marche de côté était indifféremment désignée par les appellations suivantes : *appuyer, donner des hanches, chevaler et chevaucher.*

On dit qu'un cheval *fuit les talons,* lorsqu'à l'approche ou à la pression de la jambe droite ou gauche, il va de côté, à gauche ou à droite.

Quand le cheval se jette sur la jambe ou l'éperon, au lieu de les fuir, on dit qu'il *force la jambe.*

Changements de main diagonaux d'une et de deux pistes. — On prépare le cheval à la marche de côté par des changements de main diagonaux. Ces changements de main se commencent près d'un coin, après avoir dépassé l'extrémité d'un des petits côtés du manège, et se terminent avant d'arriver au coin opposé en diagonale.

Le mouvement se commence d'une piste ; on cherche à le terminer de deux.

Pour obtenir la marche de deux pistes, de gauche à droite, pendant l'exécution d'un changement de main, on fait, vers la fin de ce mouvement et sans discontinuer la marche en avant, un effet latéral gauche, au moment des appuis successifs du membre antérieur gauche, on ouvre légèrement la rêne droite de filet, et l'on pèse davantage sur l'étrier droit.

L'effet latéral gauche, opposant l'épaule gauche à la hanche gauche, chasse la croupe latéralement et la place, comme les épaules, parallèlement au mur. La pression de la même jambe, se produisant au moment de l'appui du membre antérieur gauche, facilite l'enjambée du membre antérieur droit vers la droite, provoque le chevaler presqu'immédiat du pied postérieur gauche par dessus son congénère et prépare le chevaler ultérieur du membre antérieur gauche. L'action légère de la rêne droite de filet donne la direction à droite. La pesée du pied sur l'étrier droit déplace le centre commun de gravité vers la droite. La continuation du mouvement en avant permet au cheval de chevaler, le corps parallèle aux grands côtés du manège, sans se heurter les sabots.

Si l'on diminuait l'étendue de la marche en avant, il faudrait placer le cheval dans une position oblique, par rapport à l'un ou l'autre des grands côtés du manège, ce qui nécessiterait un effet diagonal, difficile à employer au début.

On emploie les effets contraires aux précédents, si l'appuyer doit se faire de droite à gauche.

Dans ces changements de main diagonaux, on augmente le nombre des pas de côté, au fur et à mesure des progrès de l'animal.

La pression de la jambe qui détermine la marche de côté ne doit jamais être constante. Elle ne doit se faire qu'au moment des appuis du membre antérieur gauche, dans l'appuyer à droite, et des appuis du membre antérieur droit, dans l'appuyer à gauche. La pression de la jambe, faite à tout autre moment, ne peut que gêner le cheval et précipiter ses mouvements.

Dès que la marche de côté se fait facilement, on abandonne l'effet latéral et on emploie l'effet diagonal.

Finalement, on traverse le manège, en appuyant sur toute la longueur de la ligne diagonale, toujours en avançant et parallèlement au mur.

Ces changements de main diagonaux doivent être exécutés aux deux mains, jusqu'à ce que le cheval obéisse également bien à l'action de chaque jambe.

Lorsqu'on appuie de gauche à droite, on reçoit le cheval avec la jambe droite, en arrivant au mur; on le reçoit avec la jambe gauche, quand on chevale de droite à gauche.

Recevoir le cheval avec une jambe, veut dire qu'on arrête, en arrivant près du mur, la marche de côté avec la jambe du dehors, glissée plus en arrière que l'autre. Quand on néglige de recevoir le cheval, on court le risque d'avoir la jambe du dehors serrée entre le cheval et le mur.

A ces changements de main en appuyant et en avançant, succèderont les appuyers par tête au mur.

Appuyers par tête au mur. — Si l'obliquité n'est pas nécessaire dans les appuyers où le mouvement en avant est plus marqué que celui de côté, il est de toute nécessité que les épaules précèdent les hanches lorsqu'on chevale plus qu'on n'avance et, à plus forte raison, quand on chevale exclusivement.

Pour appuyer, tête au mur, le cheval sera donc placé dans une position oblique et non perpendiculaire au mur, comme on l'enseigne trop trouvent.

Toutes les fois que, dans un mouvement d'appuyer par tête au mur, l'obliquité n'est pas observée, ou que les hanches précèdent les épaules, le cheval *s'entable*, c'est-à-dire se heurte les pieds du dedans avec ceux du dehors.

Lorsque, marchant au pas sur la piste, on veut chevaler tête au mur, on fait un léger temps d'arrêt et on déplace, avec la jambe du dehors, l'arrière-main vers l'intérieur du manège, ce qui place le cheval dans une position oblique au mur. Ce déplacement de l'arrière-main se fait à la suite d'un temps d'arrêt, parce qu'il ne peut être exécuté que par une fraction de pirouette renversée, ce qui nécessite la discontinuation de la marche en avant.

Dès que, par l'action de la jambe du dehors, on a exécuté 1/8 de pirouette renversée, l'obliquité nécessaire étant obtenue, on arrête le mouvement de rotation de la croupe avec la jambe du dedans. Immédiatement après, les deux jambes, celle du dehors plus en arrière que celle du dedans, provoquent l'impulsion.

L'impulsion déterminée, on saisit l'instant où le membre antérieur du dehors tombe à l'appui, pour faire, loin de la sangle, une pression avec la jambe du dehors, pression qui sert tout à la fois à produire le mouvement de côté et à entretenir l'impulsion.

Quant à la jambe du dedans, elle tombe le long de la sangle et pèse davantage sur l'étrier. Lorsque le cheval est mieux dressé, cette jambe, par son application près de la sangle, entretient la mise en main et le pli en dedans.

Pendant la marche de côté, la pression de la jambe du dehors se renouvelle au moment de chaque appui du membre antérieur du dehors.

En cas de résistance de la croupe, la rène du dehors est momentanément écartée, pour produire, avec la jambe du même côté, un effet latéral. La résistance détruite, on revient à l'effet diagonal.

Dans les appuyers tête au mur, il faut veiller à ce que les membres antérieurs restent sur la piste. Toutes les fois qu'ils s'en éloignent, les deux jambes doivent être glissées en arrière pour reporter le cheval en avant. On recommence ensuite le mouvement d'appuyer, au moment où le membre antérieur du dehors tombe à l'appui.

La plupart des cavaliers ont la mauvaise habitude, dans les mouvements d'appuyer, de regarder celle de leurs jambes qui détermine l'impulsion. C'est là un écueil qu'il faut éviter, attendu qu'en regardant la jambe qui donne l'impulsion, on porte de ce côté le poids du corps, ce qui nuit au mouvement du cheval en sens inverse.

Si, dans le travail tête au mur, le mouvement de côté est trop accéléré, on le modère par une pression plus marquée de la jambe du dedans, toujours près de la sangle.

Dans tous les mouvements d'appuyer tête au mur, il faut avoir la main légère, parce qu'une tension un peu forte des rênes éloigne les membres postérieurs de leur ligne d'aplomb ou provoque l'acculement, ce qui rend difficile le chevaler du pied postérieur du dehors par dessus son congénère.

Dans les commencements, il ne faut pas abuser du travail de tête au mur; il faut savoir se contenter de trois ou quatre pas de côté, tout au plus, alors même qu'ils ne seraient pas très correctement exécutés. L'essentiel est que le cheval fasse preuve de bonne volonté. On ne devient plus sévère que si la mauvaise volonté de l'animal est évidente.

Il faudra donc s'appliquer à discerner si la mauvaise exécution du mouvement provient d'une cause morale ou physique. Dans ce dernier cas, au lieu d'être sévère, on exercera davantage, et avec une progression lente, le côté qui opposera le plus de résistance.

Dès que le cheval fait preuve de bonne volonté, on lui donne fréquemment du repos, en le remettant droit sur la piste, ce qui s'obtient en redressant la croupe avec la jambe du dedans.

La croupe redressée, on reporte le cheval en avant, droit sur la piste, et on lui fait faire, pour le récompenser, deux ou trois tours de manège, les rênes flottantes. On le met également au trot, la tête libre, pour lui faire dépenser sa vigueur. On le remet ensuite au pas et en main, on fait un demi-arrêt pour déplacer la croupe avec la jambe du dehors et on redemande quelques pas d'appuyer.

Lorsque le mouvement d'appuyer se fait facilement sur les grands côtés, on le continue sur les petits côtés, ce qui oblige à passer les coins.

Pour passer les coins, on ralentit la croupe avec la jambe du dedans et on accélère les épaules par l'action plus marquée de la rêne de filet du dedans.

Ces effets ont pour but de conserver l'obliquité nécessaire au mouvement.

Enfin, on a soin de faire alterner fréquemment la marche de côté avec la marche, au pas, d'une piste.

Dans ces exercices d'une piste, on fait de nombreux arrêts,

suivis immédiatement d'un pas de reculer, si le cheval s'arrête sans difficulté, et de plusieurs pas, s'il résiste. On fait de temps en temps, après un arrêt, des demi-pirouettes renversées qui permettent d'appuyer, sur le même côté, à une nouvelle main. On exige le pli dans ces demi-pirouettes renversées.

Appuyers par croupe au mur. — L'appuyer par croupe au mur ne doit se demander qu'après l'appuyer par tête au mur, parce qu'il est d'une exécution moins facile.

En effet, dans le travail tête au mur, le cheval étant tourné dans la direction du mur ne peut se porter en avant, ce qui est une difficulté de moins à vaincre.

Dans le travail croupe au mur, au contraire, le cheval a toujours une tendance à s'avancer vers l'intérieur du manège, et l'on a souvent beaucoup de peine à maintenir les pieds postérieurs sur la piste.

Dans la marche au pas sur la piste, suivant un des grands côtés du manège, on saisit, pour placer le cheval croupe au mur, l'instant où le membre antérieur du dehors tombe à l'appui.

A ce moment de la marche, le pied postérieur du dedans étant engagé sous le centre et sur le point de tomber à l'appui, on exécute 1/8 de pirouette, ce qui déplace l'avant-main vers l'intérieur du manège et détermine l'obliquité nécessaire au mouvement d'appuyer. Cette fraction de pirouette s'obtient, soit par un effet latéral, soit par un effet diagonal. Cela dépend du degré d'instruction de l'animal.

La fraction de pirouette obtenue, on arrête le mouvement de rotation des épaules avec la rêne du dehors et on porte le cheval en avant, en glissant les deux jambes en arrière. Dès que le cheval s'est porté en avant, on détermine la marche de côté, en faisant une pression de la jambe du dedans, au moment où le membre antérieur du dedans tombe à l'appui. La pression de la même jambe se renouvelle au moment de chaque appui de ce membre. (Fig. 28.)

Dans ces appuyers, croupe au mur, les aides deviennent graduellement plus sévères, parce que l'éducation du cheval est plus avancée. On s'efforce de marcher avec le pli et la mise en main, ce qui n'est possible que par l'effet diagonal.

Si le cheval quitte la piste et se porte vers l'intérieur du manège, on l'arrête et on le fait reculer.

On recommence la marche de côté, dès que les pieds postérieurs sont de nouveau sur la piste.

Fig. 28. — Appuyer par croupe au mur, de gauche à droite. — La pression de la jambe gauche, qui détermine la Marche de côté, doit se faire au moment de chaque appui du Membre antérieur gauche.

Après quelques pas d'appuyer bien exécutés, on redresse l'avant-main, en faisant agir davantage la rêne du dehors. Pendant qu'on redresse l'avant-main, on maintient la croupe sur la piste par l'action plus marquée de la jambe du dedans, glissée en arrière.

Dans le passage des coins, on a soin de ralentir les épaules et d'accélérer la croupe, pour que le cheval se trouve dans une position oblique en arrivant sur un nouveau côté. On ralentit les épaules, en faisant des effets de rênes plus directs; on accélère la croupe, en faisant primer l'action de la jambe du dedans. Au besoin, on oppose l'épaule à la hanche par rêne et jambe du dedans.

Les mouvements d'appuyer se font également en traversant le manège sur une ligne droite, d'un grand côté à l'autre grand côté. On appuie sur la même ligne, de droite à gauche, et de gauche à droite, alternativement.

Ces appuyers en traversant le manège nécessitent une grande

obliquité. On ne peut régulièrement les obtenir que par l'effet diagonal. C'est pour cela qu'ils ne sont demandés qu'après les exercices de croupe au mur, alors que la marche de côté se fait facilement par l'effet diagonal.

Contre-changements de main. — Les *contre-changements de main* confirment le cheval dans la marche de côté.

Un *contre-changement de main* se compose de deux appuyers successifs et en sens contraire.

Ces appuyers successifs se font en avançant et parallèlement au mur.

On les commence sur un des grands côtés du manège, après avoir dépassé l'extrémité d'un des petits côtés, comme si l'on voulait faire un changement de main diagonal de deux pistes. Après avoir fait quelques pas vers l'intérieur du manège, en avançant et en appuyant, on revient au mur par des pas de côté, toujours en avançant. Dans un contre-changement de main, chaque mouvement d'appuyer se fait au moyen de l'effet diagonal. Il faut donc, si le premier appuyer a été exécuté au moyen de l'effet diagonal droit, employer, dans le second, l'effet diagonal gauche.

Pour passer d'un effet à l'autre, on recevra la croupe avec la jambe du dedans, à la fin du premier appuyer. Ensuite, après avoir fait un nouvel effet, on portera le cheval en avant et on exécutera l'appuyer en sens contraire par des pressions successives de la jambe du dedans, qui devront se produire au moment de chaque appui du membre antérieur du dedans.

Insensiblement, on diminuera le nombre de pas de côté, de manière à faire plusieurs contre-changements de main consécutifs sur le même côté du manège.

Voltes et demi-voltes de deux pistes. — On appelle *volte de deux pistes,* le cercle complet que décrit le cheval en donnant des hanches. La volte est simple, quand elle se fait, la croupe tournée vers l'intérieur du cercle. La volte est renversée, lorsque la croupe est tournée vers l'extérieur du cercle.

La demi-volte de deux pistes se compose d'un demi-cercle, suivi d'une ligne diagonale qui ramène le cheval sur la piste, en arrière du point précédemment quitté. La demi-volte fait changer de main.

La demi-volte renversée de deux pistes se fait à l'inverse du du mouvement précédent. Elle se compose d'un appuyer sur une ligne diagonale, suivi d'un appuyer sur un demi-cercle. Après l'exécution du mouvement, le cheval se trouve sur la piste, en avant du point précédemment quitté. La demi-volte renversée fait changer de main.

Les voltes et demi-voltes de deux pistes assouplissent les épaules, grandissent le cheval, du devant, et favorisent l'engagement des membres postérieurs. On devra y exercer les chevaux qui ruent et s'en abstenir avec ceux qui se cabrent.

Les voltes et demi-voltes renversées de deux pistes assouplissent principalement les hanches. Elles grandissent le cheval, du derrière, et facilitent la mise en main. Elles sont utilement employées avec les chevaux qui se cabrent.

Dans ce genre d'exercices de deux pistes, le cavalier doit tenir le corps droit, de manière à ne pas surcharger l'avant-main, dans les voltes, et l'arrière-main, dans les voltes renversées.

CHAPITRE XIV

TRAVAIL A CHEVAL — DU TROT

Mécanisme du trot. — Impressions que reçoit l'assiette du cavalier à l'allure du trot. Exercices au trot d'une piste.

ous n'avons recherché, dans les exercices précédents, que l'exécution régulière des mouvements au pas, d'une et de deux pistes, et nous n'avons mis le cheval au trot que pour lui faire dépenser sa vigueur. Maintenant que le cheval marche au pas, ramené, en main, ralenti, plié, et qu'il fuit bien les talons, le moment est venu de l'habituer à marcher au trot et en main, sur des lignes droites et sur des lignes courbes.

Mécanisme du trot. — Le trot est une allure en deux temps, marchée ou sautée et en diagonale. (Voir *Art équestre,* 1re partie, pages 105 et suivantes.)

L'allure est marchée, quand il n'y a ni suspension ni projection, mais qu'il y a simplement échange d'appui des diagonaux. C'est ce qui a lieu au petit trot. A ce genre de trot, le cheval se *déjuge.*

Le trot est sauté, quand, après chaque temps, il y a une période de suspension.

La suspension est simple, au trot normal; elle est accompagnée de projection, à tous les trots plus allongés. Au trot normal, le cheval *se juge;* il *se méjuge* à tous les trots qui sont plus rapides.

Le trot peut, également, lorsqu'on exige un degré de vitesse exagéré, être une allure en quatre temps. C'est ce qui arrive au trot de course. Dans ce cas, les deux membres d'un diagonal ne tombent pas en même temps à l'appui : le membre postérieur prend terre avant le membre antérieur.

Impressions que reçoit l'assiette du cavalier à l'allure du Trot. — Dans un pas de trot, allure en deux temps, l'assiette du cavalier ressent deux secousses distinctes, occasionnées par l'appui successif des bipèdes diagonaux.

Au trot sauté, les réactions sont plus accentuées qu'au trot marché, parce que chaque période d'appui est suivie d'une période de suspension, qui nécessite une détente plus énergique du diagonal qui va quitter terre. A la suite de cette détente, le corps du cavalier, étant moins lourd que celui du cheval, est légèrement soulevé de la selle, vers la fin de la suspension, et n'y retombe que lorsque le diagonal opposé a déjà marqué son appui, ce qui augmente la violence du choc.

Les réactions, au trot sauté, varient avec la conformation du cheval et le tride de l'allure.

Non seulement l'assiette est soulevée par les actions du cheval au trot, mais elle s'incline légèrement à droite quand elle retombe sur le diagonal gauche, en vertu de la loi de l'inertie. Le contraire se produit sur le diagonal droit.

On évite la réaction d'un diagonal, en trottant à l'anglaise.

Exercices au trot d'une piste. — On met le cheval, du pas au trot, en glissant les jambes plus en arrière que le passage des sangles et en inclinant légèrement le haut du corps en avant, de manière à déplacer en avant le centre commun de gravité de l'homme et du cheval. Si, sous cette action, l'animal, ne comprenant pas la demande qui lui est faite, allonge simplement le pas, on fait, sans brusquerie, une ou plusieurs pressions des deux jambes.

Le trot obtenu, on replace le corps droit, on rapproche délicatement des sangles les deux jambes et l'on cherche à obtenir le ramener et la mise en main.

On obtient la mise en main, en avant la main fixe et légèrement ferme et en augmentant graduellement la pression des jambes près des sangles, jusqu'au toucher et même au presser des éperons. Dès que la tête se place verticalement et que la mâchoire se décontracte, on fait immédiatement une remise de main, suivie d'une descente de jambes. On a également soin de caresser l'animal pour lui faire comprendre qu'on est content de lui, puis, on exige de nouveau la mise en main, en rapprochant les jambes avant d'ajuster les rênes.

Si le cheval, soit à cause de trop d'ardeur, soit à cause d'une conformation défectueuse, telle qu'une encolure trop courte ou des ganaches trop serrées, ne se met en main que pour en sortir immédiatement, on exige une mise en main plus permanente, en le faisant trotter, les deux éperons au poil et près des sangles.

On a soin de faire de fréquents repos, sans discontinuer l'allure, ce qui s'obtient par la remise ou la descente de main et par la descente de jambes.

Le trot avec la mise en main doit toujours être modéré. S'il peut être plus ralenti que le trot normal, il ne doit jamais être plus rapide, parce que la mise en main n'est rationnelle qu'à des allures normales ou à des allures plus ralenties encore.

Aux allures allongées, il faut laisser au cheval la liberté d'encolure nécessaire au déplacement de la masse en avant. Tout ce qu'on peut demander à ces allures-ci, c'est que l'animal ne prenne qu'un léger point d'appui sur le mors. La légèreté s'obtient par la pression des jambes ou des éperons, près des sangles.

Il arrive que le cheval, s'il est d'un naturel ardent ou irascible, oppose à la soumission qu'on exige de lui, à l'allure du trot, une résistance considérable : il sort de la main, raidit son encolure, fait même des bonds désordonnés, pour se débarrasser de son cavalier. Toutes les fois que de semblables résistances se produisent, on les combat immédiatement par le renfermer, c'est-à-dire en faisant une énergique pression des deux éperons, près des sangles, jusqu'à ce que le cheval, vaincu par la douleur et la crainte, renonce à la lutte et s'arrête, les quatre pieds fixés au sol.

Lorsque, étant au trot, le cheval reste lourd à la main par une tendance naturelle à marcher à des allures vives, ce qui le met sur les épaules, on le fait trotter en cercle. La marche circulaire ralentit l'allure, parce qu'elle diminue l'élan donné à la masse par les membres postérieurs.

Le cercle, grand d'abord, est progressivement rétréci, jusqu'à ce que l'allure devienne très lente. A ce moment, il est agrandi de nouveau, pour éviter à l'animal un excès de fatigue.

Lorsque, dans le travail au trot sur le cercle, le cheval ne sort pas de la main, on le récompense par de nombreuses descentes de main. Pendant ces descentes de main, on tient les jambes près, parce que, dans le travail sur le cercle, le cheval se met généralement au pas, dès que se fait la descente de jambes.

Dans la marche au trot, de même qu'au pas, le cheval sera habitué à l'arrêt par la crinière. Au début, cet arrêt se fera simultanément avec un effet de jambes; il sera ensuite répété sans jambes.

L'arrêt par la crinière est, selon nous, d'une grande utilité. C'est en quelque sorte une aide, qui ne nuit jamais au mécanisme de l'animal et conserve ses membres intacts; c'est aussi, pour le cavalier, une garantie de sécurité plus grande. Tous les chevaux dressés pour des femmes devraient être habitués à cet arrêt.

Dans le travail au trot sur le cercle, la rêne du dedans doit, comme au pas, être plus soutenue que la rêne du dehors, pour que le bout du nez soit placé dans la direction du cercle. La rêne du dehors est appliquée contre l'encolure et légèrement tendue, pour éviter que les épaules ne rétrécissent le cercle. La jambe du dedans est appliquée près de la sangle, pour conserver la légèreté et le pli ; la jambe du dehors est glissée plus en arrière, pour maintenir la croupe sur la même ligne que les épaules.

Les exercices au trot sur le cercle alterneront avec le travail sur la ligne droite, les voltes, demi-voltes et changements de main diagonaux. Tous ces mouvements seront exécutés d'une piste. Entre ces divers exercices, on donnera fréquemment du repos à l'animal, en le faisant marcher au pas, les rênes flottantes.

Après ces assouplissements préliminaires, on travaillera le cheval, au pas et au trot, d'une et de deux pistes, et l'on exigera à ces deux allures la même régularité dans les mouvements.

CHAPITRE XV

TRAVAIL A CHEVAL — TRAVAIL AU PAS ET AU TROT D'UNE ET DE DEUX PISTES

Travail d'une piste au Pas et au Trot. — Travail de deux pistes au Pas et au Trot : Changements de main diagonaux; tête au mur; croupe au mur; contre-changements de main; voltes et demi-voltes de deux pistes.

Travail d'une piste au Pas et au Trot. — Le cheval marchant au pas sur la piste, on lui demande la mise en main par des effets directs, et la mise en main avec le pli, par des effets diagonaux. Les mêmes mouvements sont exécutés au trot; les effets employés sont les mêmes qu'au pas, un peu plus marqués cependant.

Si, dans le travail au trot, le cheval bourre à la main malgré l'action des jambes, on l'arrête et on le fait reculer. Ce reculer, en guise de punition, permet au cavalier de se rendre peu à peu maître de l'impulsion. Après avoir reculé, on part de nouveau au trot; les éperons touchent le poil, jusqu'à ce que la légèreté s'obtienne. A toute bonne cession, on fait une remise de main, suivie d'une descente de jambes, ce qui engage le cheval à rester léger à la main.

Toutes les fois qu'après un arrêt, au pas ou au trot, on fait reculer puis avancer le cheval, il faut faire en sorte que la mise en main se conserve au moment de l'arrêt, du reculer et de la marche en avant.

Le travail sur la ligne droite est suivi d'exercices sur des lignes courbes. On marche en cercle, au trot et au pas. Aux deux allures, on change de main sur le cercle, de la façon que nous avons indiquée dans le travail au pas. On fait également, aux deux allures, de grandes voltes et demi-voltes, sans dépasser toutefois le milieu du manège. Ces grandes voltes et demi-voltes, au trot, dégourdissent et assouplissent les épaules du cheval.

La volte et la demi-volte au trot se font, comme au pas : à gauche, au moment de l'appui du membre antérieur droit ; à droite, au moment de l'appui du membre antérieur gauche, c'est-à-dire au moment où le diagonal droit ou gauche prend terre.

On ne commence le travail des deux pistes, que lorsque tous les mouvements d'une piste se font avec facilité.

Travail de deux pistes au Pas et au Trot. — Changements de main diagonaux. — Le travail de deux pistes au trot se commence, comme au pas, par des changements de main diagonaux, c'est-à-dire sur une ligne où la marche en avant est plus accentuée que la marche de côté.

Le changement de main diagonal, au trot, se commence d'une piste ; il se termine de deux, avant d'arriver au mur. L'appuyer se fait en avançant et parallèlement au mur.

Le jeu des aides est le même qu'au pas, c'est-à-dire que, selon que la résistance est marquée, faible ou nulle, on emploie l'effet latéral, direct ou diagonal.

Comme au pas, on pèse davantage sur l'étrier droit, si l'on appuie de gauche à droite, et l'on fait, loin de la sangle, une pression de la jambe gauche, au moment de chaque appui du membre antérieur gauche. On provoque ou on entretient la mise en main par l'action de la jambe droite près de la sangle, quand on appuie par l'effet diagonal droit.

Progressivement, on augmente le nombre des pas de côté sur la ligne diagonale. Finalement, on la parcourt tout entière, en appuyant et, toujours, en avançant.

Lorsque l'appuyer se fait bien aux deux mains sur la ligne diagonale, on diminue la longueur de cette ligne et l'on chevale plus qu'on n'avance.

Dès que le mouvement de côté est plus marqué que le mouvement en avant, on met le cheval dans une position oblique, pour permettre aux membres qui se trouvent du côté opposé à la direction latérale, de chevaler par dessus leurs congénères.

Les changements de main diagonaux de deux pistes sont immédiatement suivis d'appuyers par tête au mur et par croupe au mur.

Tête au mur. — L'appuyer par tête au mur se commence au pas. Lorsqu'il se fait bien à cette allure, on accélère le mouvement, jusqu'à ce que le cheval se mette au trot. Au début, l'appuyer ne se fait au trot que sur les grands côtés. Dès qu'on arrive près d'un coin, on remet le cheval au pas, en rapprochant les deux jambes près des sangles; on redresse ensuite la croupe avec la jambe du dedans et l'on marche sur le petit côté, au pas, d'une piste. On appuie de nouveau, au pas et au trot, en arrivant sur l'autre grand côté; finalement, on appuie tête au mur sur les grands et petits côtés, en ayant soin d'accélérer les épaules en arrivant dans les coins, de manière à conserver toujours l'obliquité nécessaire au mouvement.

Régulièrement, l'appuyer par tête au mur se fait par l'effet diagonal. Toutefois, quand une résistance trop grande se produit, on emploie l'effet latéral.

Croupe au mur. — Les appuyers par croupe au mur, au trot, se commencent au pas, comme les précédents. Au début, ils ne se font que sur les grands côtés; quand on arrive près d'un coin, on remet le cheval au pas et on redresse l'avant-main. On redresse l'avant-main, en faisant primer l'action de la rêne de filet du dehors. On a soin, en redressant l'avant-main, de maintenir la croupe sur la piste, par l'application de la jambe du dedans sur le flanc, loin de la sangle. On passe le petit côté au pas, d'une piste, et l'on appuie de nouveau, croupe au mur, au pas et au trot, en arrivant sur l'autre grand côté. Enfin, on appuie sur les grands et petits côtés, ce qui oblige à passer les coins. On a soin, dans le passage des coins, d'accélérer la croupe et de ralentir les épaules, pour conserver l'obliquité nécessaire au mouvement.

Régulièrement, l'appuyer par croupe au mur ne se fait, comme le précédent, que par l'effet diagonal. On n'a recours à l'effet latéral que dans le cas d'une résistance marquée.

Il arrive, dans les exercices au trot, de deux pistes, que des chevaux, chevalant très bien à une main, se défendent, dès qu'on veut les faire travailler à l'autre. Il est bon, en pareil cas, quand on a auprès de soi un aide, de le faire mettre à la tête du cheval et de recommencer, au pas, le mouvement qui a laissé à désirer au trot. L'aide facilite le mouvement, le dirige même, au moyen des rênes et de la cravache. Le même exercice est ensuite redemandé au trot, sans le secours de l'aide.

Dans le cas d'une résistance prolongée, on fait durer la leçon plus longtemps et on ne la finit que sur une bonne exécution. Dès que le mouvement est bien exécuté, on renvoie le cheval à l'écurie.

C'est par cette manière de procéder qu'on développe l'intelligence de l'animal. Il ne tarde pas, en effet, à comprendre que toute résistance de sa part lui vaut un travail prolongé, tandis que son obéissance amène le repos.

Toutes les fois que, dans une leçon, un exercice d'appuyer au trot aura laissé à désirer, on commencera la leçon suivante par la répétition du même exercice, au pas. Il ne sera pas mauvais même de demander l'exécution du mouvement, à pied et à la cravache. On sera alors plus sévère; on exigera le pli et la mise en main.

En cas de résistance, on cinglera le flanc d'un coup de cravache bien appliqué. Au contraire, si le cheval se soumet de bonne grâce, on le récompensera de suite, en cessant tous les effets et en le flattant de la voix et de la main.

Après cet exercice préparatoire, on se mettra en selle, puis, après avoir fait un tour ou deux de manège, au pas et en main, on répètera, au pas et au trot, le mouvement d'appuyer qui, la veille, avait laissé à désirer. On ne terminera la leçon que lorsque les résistances sérieuses auront disparu.

Il ne faut pas craindre d'insister sur un mouvement, quand il s'exécute mal. Arrivé à cette partie du dressage, le cheval est assez avancé pour qu'on soit sévère. On fait durer la leçon une heure et demie et plus, si c'est nécessaire.

Comme au pas, on fait également, au trot, des appuyers en traversant le manège, sur une ligne droite, d'un grand côté à l'autre grand côté. Ces appuyers se feront d'autant mieux que l'obliquité sera plus grande.

Tous les mouvements d'appuyer doivent alterner avec des promades, au pas et au trot, d'une piste, les rênes flottantes. Ces exercices d'une piste se font, toutes les fois qu'on veut récompenser le cheval de sa docilité.

Contre-changements de main. — Les contre-changements de main au trot se font, comme au pas, toujours en avançant et parallèlement au mur.

Le contre-changement de main se composant de deux appuyers

en sens contraire, il faut avoir soin, à chaque appuyer, de tourner le bout du nez du cheval du côté où on le dirige. On fera donc un effet diagonal droit, pour appuyer de gauche à droite, et un effet diagonal gauche, pour appuyer de droite à gauche.

On saisira, pour chevaler de droite à gauche, l'instant où le diagonal droit tombera à l'appui; on fera le contraire pour chevaler au trot de gauche à droite.

Voltes et demi-voltes de deux pistes. — On complètera les précédents assouplissements en exécutant, au trot, des voltes et demi-voltes de deux pistes.

Ces voltes ou demi-voltes sont simples ou renversées, nous l'avons déjà dit, selon qu'elles sont faites, la croupe en dedans ou la croupe en dehors.

Comme au pas, on basera ses demandes sur les appuis des membres antérieurs.

Pour être exécutées régulièrement, les voltes et demi-voltes de deux pistes doivent être faites à un trot très ralenti, ne dépassant jamais le trot normal.

CHAPITRE XVI

TRAVAIL A CHEVAL — TROT A L'ANGLAISE

ORSQUE, dans un pas complet de trot, le cavalier se lie simplement aux mouvements de son cheval, son assiette reçoit deux secousses distinctes, occasionnées par l'appui successif des bipèdes diagonaux. On dit, dans ce cas, qu'il trotte à la française.

Il trotte à l'anglaise, quand il évite une de ces réactions.

Il suffit, pour éviter la réaction d'un diagonal, de s'élever légèrement sur les étriers, au moment où l'appui de ce diagonal va se produire, c'est-à-dire à la fin de la suspension qui succède à l'appui du diagonal opposé.

Il faut donc régler son enlever sur les étriers sur l'abaissement de l'épaule qui fait partie du diagonal sur lequel on ne trotte pas et non sur l'élévation de l'épaule appartenant au diagonal sur lequel on trotte.

On trottera régulièrement à l'anglaise à droite, lorsque, s'élevant sur les étriers, au moment où l'appui du diagonal gauche sera sur le point de se produire, on retombera en selle en même temps que le diagonal droit, et qu'on ne ressentira que la secousse provoquée par l'appui de celui-ci.

On trottera régulièrement à l'anglaise à gauche, dans le cas contraire.

En observant ces principes, on restera en selle la moitié du pas de trot, et en l'air, l'autre moitié.

Dans le trot à l'anglaise, la plupart des cavaliers suivent servilement le jeu de bascule de l'épaule faisant partie du diagonal sur lequel ils trottent, c'est-à-dire prennent leur appui sur les étriers au moment où cette épaule s'élève et retombent en selle quand elle s'abaisse.

Cette manière de trotter est défectueuse, parce qu'elle oblige le cavalier à rester en l'air, sur les étriers, plus de la moitié du pas.

Il suffit, pour s'en convaincre, d'examiner simplement les phénomènes qui se produisent pendant l'exécution complète d'un pas de trot.

Un pas de trot se compose de deux temps, et chaque temps, de deux phases : une d'appui et une de suspension.

Or, si dans un pas de trot à l'anglaise à droite, commençant au moment de l'appui du diagonal droit, par exemple, l'appui sur les étriers est pris au moment où l'épaule droite s'élève, que se passe-t-il?

1° Le cavalier est en selle pendant l'appui du diagonal droit : 1re phase du 1er temps;

2° Il est en l'air :

Pendant la suspension qui succède à l'appui de ce diagonal : 2e phase du 1er temps;

Pendant l'appui du diagonal gauche : 1re phase du 2e temps;

Enfin, pendant la suspension qui succède à cet appui : 2e phase du 2e temps.

Le cavalier est donc en selle pendant une période d'appui, et, en l'air, pendant une période d'appui et deux de suspension.

Au contraire, lorsque dans le même pas de trot, le cavalier

s'élève sur les étriers à la fin de la suspension qui succède à l'appui du diagonal droit, ce qui correspond au moment de l'appui du diagonal gauche, il est :

1° En selle, pendant l'appui et la suspension du diagonal droit;

2° En l'air, pendant l'appui et la suspension du diagonal gauche.

Il est donc en selle pendant le premier demi-pas, et en l'air pendant le second.

Cette manière de trotter à l'anglaise est la seule rationnelle, parce que l'appui sur les étriers, qui a pour but d'éviter une réaction, est pris juste au moment où cette réaction va se produire.

Toutefois, nous sommes d'avis qu'au début, le cavalier, pour éviter plus sûrement une réaction, s'enlève sur les étriers au moment où s'élève l'épaule qui fait partie du diagonal sur lequel il trotte. Mais, plus tard, dès qu'il sera familiarisé avec cet exercice, il devra toujours régler son enlever sur l'abaissement de l'épaule faisant partie du diagonal sur lequel il ne trottera pas.

Il n'est ni rationnel ni facile de trotter à l'anglaise au petit trot, allure marchée. Ce n'est pas rationnel, parce que les secousses sont trop faibles pour motiver l'enlever sur les étriers; ce n'est pas facile, parce que l'allure étant sans suspension, il n'est pas possible d'éviter complètement la secousse provoquée par l'appui du diagonal sur lequel on ne trotte pas.

Que se passe-t-il, en effet, lorsque le cavalier, à cette allure, trotte à l'anglaise sur le diagonal droit?

1° En retombant en selle avec ce diagonal, il subit la secousse provoquée par son appui;

2° En s'élevant sur les étriers, au moment où se produit l'appui du diagonal gauche, il ressent également, quoique avec moins de force, la secousse provoquée par ce diagonal, attendu qu'il n'y a pas de suspension, mais simplement échange d'appui entre les diagonaux.

Le trot à l'anglaise n'est donc pas rationnel au petit trot. Néanmoins, si l'on veut trotter de la sorte à cette allure, on atténuera la réaction du diagonal sur lequel on ne trottera pas, en penchant le haut du corps un peu plus en avant et en pesant davantage sur les étriers.

Le trot à l'anglaise n'est réellement pratique et facile qu'aux trots sautés, parce qu'à ces allures, chaque temps étant suivi d'une période de suspension, le cavalier a la possibilité d'être en l'air, enlevé sur les étriers, au moment où se produit l'appui du diagonal sur lequel il ne trotte pas.

Le trot à l'anglaise est encore plus facile, lorsque la suspension est accompagnée de projection, ce qui arrive à tous les trots allongés, en deux temps.

Le trot à l'anglaise est également facilité, lorsque le cheval trousse davantage les membres antérieurs, parce que cette élévation augmente la durée de chaque temps et donne plus de rythme à l'allure.

Pour bien trotter à l'anglaise, il faut :

1° Porter le haut du corps légèrement en avant, de manière que le centre commun de gravité de l'homme et du cheval tombe juste au centre des étriers.

2° N'engager que le tiers du pied dans les étriers, et ne jamais les chausser. Lorsque les étriers sont chaussés, le jeu de bascule, occasionné par l'articulation du pied et de la jambe, est annulé. Par suite, la secousse est plus violente, parce que c'est par le jeu de bascule, d'avant en arrière, de cette articulation, qu'on retombe plus légèrement en selle.

3° Faire, non loin des sangles, une légère pression des deux jambes, ce qui permet de s'enlever plus facilement et de moins sentir la réaction.

On trotte d'autant mieux à l'anglaise, qu'on s'élève moins

au-dessus de la selle. Quel est, en effet, le but du trot à l'anglaise? Simplement, de rendre les réactions moins sensibles pour le cavalier et pour le cheval. Or, moins on s'élève et plus légèrement on retombe sur la selle. Par suite, l'assiette ressent moins violemment la secousse provoquée par l'appui du diagonal sur lequel on trotte, et les deux membres du cheval éprouvent également une commotion moins forte. On doit donc s'enlever sur les étriers, juste ce qu'il faut pour amortir la réaction.

Dans le trot à l'anglaise, on reposera le cheval, en trottant, tantôt sur un diagonal, tantôt sur l'autre.

Pour changer de diagonal, on peut s'y prendre de trois manières.

Supposons, par exemple, le cas où étant au trot à l'anglaise à gauche, on veut passer au trot à l'anglaise à droite. Ces trois manières sont les suivantes :

1° Ou, après s'être élevé sur les étriers au moment de l'appui du diagonal droit, on reste en l'air pendant la durée d'appui et de suspension de ce diagonal, ainsi que pendant la durée d'appui et de suspension du diagonal gauche, c'est-à-dire l'intervalle de deux temps, et l'on retombe en selle quand le diagonal droit retombe à l'appui;

2° Ou, après être retombé en selle au moment où le diagonal gauche prenait terre, on subit deux réactions : la première, occasionnée par l'appui du diagonal gauche, la seconde, par l'appui du diagonal droit, sur lequel on trotte désormais.

3° Ou, après être retombé en selle au moment de l'appui du diagonal gauche, on fait quelques temps de trot à la française et l'on repart au trot à l'anglaise à droite à un moment où l'appui du diagonal gauche va se produire.

Cette dernière manière de changer de diagonal est la plus facile; c'est celle que nous conseillons d'adopter.

On emploie les mêmes moyens, dans un ordre inverse, pour

passer du trot à l'anglaise à droite au trot à l'anglaise à gauche.

La plupart des cavaliers trottent toujours sur le même diagonal, et cela sans s'en douter. Ils en prennent tellement l'habitude, qu'ils ne peuvent plus trotter sur l'autre. Quand ils essaient de changer de diagonal, ils retombent à faux sur la selle, dans les commencements. De même, leurs chevaux se désunissent les premières fois qu'on les trotte sur le diagonal auquel on ne les pas habitués.

Pour obvier à ces inconvénients, il est nécessaire d'exercer de bonne heure cavaliers et chevaux au trot à l'anglaise à droite et à gauche.

C'est en changeant fréquemment de diagonal, nous l'avons dit, qu'on repose le cheval. On devra donc, dans un trajet assez long, changer fréquemment de diagonal, de manière à trotter aussi longtemps sur l'un que sur l'autre.

Plus que tout autre, le cavalier militaire devrait être exercé à trotter à l'anglaise, à droite et à gauche, et à changer fréquemment de diagonal. L'habitude qu'il aura prise de trotter sur chaque diagonal, indifféremment, lui permettra de reposer et d'alléger un membre blessé ou déferré.

Le trot à l'anglaise s'emploie sur des lignes droites et courbes, mais jamais dans des mouvements d'appuyer.

Dans la marche circulaire au trot, il faut avoir soin de trotter sur le diagonal du dehors, pour alléger le diagonal du dedans qui détermine la direction.

Le trot à l'anglaise à droite est plus facile pour les femmes que le trot à l'anglaise à gauche. Cela tient à ce que la secousse, occasionnée par l'appui du diagonal droit les renvoie sur l'étrier et sur la fourche, tandis que le jeu du diagonal gauche les rejette à droite, ce qui leur fait perdre le point d'appui sur l'étrier et sur la fourche.

REMARQUE. — Pendant les exercices au pas et au trot, on cherchera à exécuter les premiers départs au galop. Ces premiers départs s'obtiendront en accélérant l'allure du trot, de manière que le cheval se mette presque de lui-même au galop, en arrivant dans un coin, à la suite d'une pression plus marquée de la jambe du dehors, au moment de l'appui du membre antérieur du dehors. Le galop obtenu, on s'occupera exclusivement d'y maintenir le cheval; on n'a, pour cela, si l'animal se ralentit ou hésite, qu'à faire de légères pressions de jambes au moment de la troisième foulée du pas de galop.

CHAPITRE XVII

TRAVAIL A CHEVAL — DU RASSEMBLER

Travail préparatoire au rassembler. — Des divers rassemblers. — Rassembler en marchant au pas : passage du pas au petit trot. — Soulèvement de la croupe, le cheval non monté. — Soulèvement de la croupe, le cheval monté. — Passage. — Piaffer. — Rassembler de pied ferme. — Pirouettes de pied ferme.

ravail préparatoire au Rassembler. — Nous avons, par les exercices précédents, assoupli les diverses parties du corps du cheval et nous avons rendu celui-ci obéissant aux premières actions des aides. Par eux, nous nous sommes rendu absolument maître de la tête, de l'encolure et de la volonté; mais l'assouplissement de la croupe laisse encore à désirer. Si la croupe s'est déplacée latéralement, elle ne s'est pas suffisamment engagée; ce n'est que par le rassembler que nous en disposerons à notre gré.

Le rassembler, consistant dans l'engagement des membres postérieurs, s'obtiendra facilement dès qu'on pourra avoir la mise en main d'une façon permanente, parce que c'est la mise en main seule qui permet aux membres postérieurs de s'engager.

Lors donc que les mouvements de côté, au pas et au trot, seront d'une exécution facile, on remettra le cheval au pas, sur la ligne droite, et l'on s'occupera exclusivement de la mise en main.

On travaillera seulement d'une piste; en voici la raison : l'engagement des membres postérieurs, au pas, s'obtenant par le jeu alternatif des jambes, glissées en arrière des sangles, il arriverait, si l'on persistait à assouplir plus complètement la croupe par des déplacements latéraux, que le cheval se traverserait toutes les fois qu'on chercherait à engager les membres postérieurs par le jeu alternatif des jambes.

Dans ce travail d'une piste au pas, on deviendra de plus en plus sévère et l'on exigera, dans l'exécution des mouvements, une mise en main complète.

On exercera le cheval à travailler, les rênes de plus en plus flottantes, et à se soumettre plus spécialement à l'action des jambes. Progressivement, on l'habituera à travailler, les rênes complètement abandonnées, à ramener sa tête au poitrail, par la légère pression des éperons au passage des sangles, et à marcher, avec le pli à droite ou à gauche, par le simple toucher de l'éperon droit ou gauche, près de la sangle. On le fera également marcher, le nez par terre, ce qui s'obtient, nous l'avons dit précédemment, en continuant, après une descente de main, la pression des deux éperons près des sangles; très près des sangles, si l'allure s'accélère, plus loin des sangles, si elle se ralentit. On l'arrêtera également dans la marche, sans le secours des rênes, en pressant simplement des deux éperons près des sangles et en portant le haut du corps en arrière.

Finalement, on remettra le cheval sur le cercle, les voltes et les demi-voltes d'une piste, en exigeant le pli et la mise en main.

Les premiers temps de rassembler en marchant se demanderont ensuite.

Des divers rassemblers. — Il y a divers rassemblers : le rassembler de pied ferme et le rassembler en marchant au pas, au trot et au galop.

Le rassembler de pied ferme consiste dans l'engagement des membres postérieurs sous le centre, en avant de leur ligne d'aplomb.

Cet engagement des membres postérieurs n'est possible qu'avec la mise en main.

Le rassembler en marchant au pas consiste dans le passage du pas à un petit trot très ralenti, aussi lent que le pas, avec des bases diagonales moins étendues que celles du trot normal, ce qui nécessite également l'engagement des membres postérieurs.

Le rassembler en marchant au trot et au galop consiste dans un engagement plus accusé des membres postérieurs, à ces allures. Il s'ensuit qu'au trot et au galop rassemblé, les bases construites par les appuis des pieds sont plus petites que celles du trot et du galop normal.

Le rassembler en marchant est plus facile, le cheval monté, que le rassembler de pied ferme. C'est donc par celui-là qu'il faudra toujours commencer.

Le rassembler prépare le cheval au galop, à la pirouette sur place et aux changements de pied. En effet, ces divers mouvements ne peuvent être régulièrement exécutés que si les membres postérieurs s'engagent. Le rassembler rend également le cavalier complètement maître de sa monture, puisqu'il le rend maître de la croupe.

« Quand on est maître de la croupe, nous a dit bien souvent « le capitaine Raabe, on manie le cheval à son gré, de même « qu'en agitant le tronc d'un arbre, on en secoue toutes les « branches. »

Le rassembler de pied ferme s'obtient par un effet de main, qui immobilise l'avant-main, et un jeu alternatif des jambes, qui provoque l'engagement successif des membres postérieurs. Ce jeu des jambes est subordonné à l'éloignement des membres postérieurs.

Le rassembler en marchant au pas s'obtient par un effet de main, suffisant pour paralyser l'impulsion au profit de l'engagement des membres postérieurs, et le jeu alternatif des jambes, basé sur les appuis des membres antérieurs.

Le rassembler en marchant au trot et au galop s'obtient par une action des jambes, assez loin des sangles, et une opposition de la main, suffisante pour favoriser l'engagement des membres postérieurs, au détriment de l'impulsion.

Dans le rassembler au trot et au galop, le jeu alternatif des jambes est supprimé.

Dans le jeu alternatif des jambes, celles-ci doivent toujours être adhérentes. Cette adhérence conserve seule la mise en main.

Remarque. — Dans les divers rassemblers, les deux effets impulsifs et en sens contraire, produits par l'action simultanée de la main et des jambes, ne doivent pas être de même intensité, comme on le croit généralement; ils doivent simplement être équivalents. Il y a, en effet, des chevaux beaucoup plus sensibles à l'action de la main qu'à celle des jambes, et inversement, ce qui nécessite tantôt une action plus marquée des jambes, tantôt une action prédominante de la main.

Rassembler en marchant au pas. — On prépare le cheval à se rassembler en marchant au pas, par des exercices au pas et au trot sur la piste. A ces allures, on habitue simplement l'animal à supporter l'application de la cravache sur la croupe. On s'attache, en tenant les éperons près des sangles, à avoir une mise en main permanente. Les quatre rênes sont tenues dans la main gauche et la cravache, dans la main droite.

Dès que le cheval supporte, au pas et au trot, sans se défendre et sans sortir de la main, le contact permanent de la cravache, on subordonne immédiatement le jeu de celle-ci aux appuis des membres antérieurs, pendant la marche au pas. La cravache est appliquée sur la hanche droite, au moment de chaque appui du membre antérieur droit, et sur la hanche gauche, au moment de chaque appui du membre antérieur gauche. Le but de ces effets est de détruire les bases latérales du pas et de les remplacer par des bases exclusivement diagonales, ce qui nécessite le passage du pas, allure en quatre temps, avec des bases latérales

Fig. 29. – Rassembler en marchant au Pas. — On fait, simultanément, une pression de la jambe droite, près de la Sangle, et une application de la Cravache sur la hanche droite, au moment de chaque appui du Membre antérieur droit.

et diagonales, au petit trot, allure en deux temps et en diagonale. Nous avons déjà expliqué, dans le travail à pied, pourquoi ce jeu de la cravache détruit les bases latérales du pas.

Toutes les fois que, par les effets précédents, le passage du pas au petit trot se produit, on rend tout et on caresse.

Ce changement d'allure, obtenu d'abord par la cravache seule, est ensuite provoqué par le jeu simultané de la cravache et des jambes : on fait simultanément une pression de la jambe droite, près de la sangle, et une application de la cravache sur la hanche droite, au moment de chaque appui du membre antérieur droit (fig. 29), et des effets du même genre à gauche, au moment de chaque appui du membre antérieur gauche. La pression de jambe se fait d'abord près des sangles, pour éviter que le cheval ne sorte de la main, mais, progressivement, elle a lieu plus en arrière, c'est-à-dire sur le flanc, parce qu'elle a pour but, comme la cravache, de faire lever le membre postérieur du côté où elle se produit.

Plus tard, ce jeu des aides inférieures, commencé d'abord avec les jambes, se fait avec les éperons, dès que le cheval le supporte sans colère, sans sortir de la main, sans se traverser, sans augmenter ni diminuer la vitesse de l'allure. A ce moment, le jeu de la cravache est supprimé, petit à petit, et celui des jambes est seul continué.

Lorsque le cheval passe facilement du pas au petit trot, par le jeu alternatif des jambes, on le laisse à cette dernière allure, que l'on s'efforce de ralentir jusqu'à ce que sa vitesse se rapproche de celle du pas. Ce ralentissement dans l'allure s'obtient en touchant des deux éperons, près des sangles, sur la même ligne. Progressivement, quand l'obéissance se confirme, on recommence, près des sangles, pendant la marche au petit trot, les pressions alternatives des jambes. On les répète ensuite plus loin, en ayant soin de faire simultanément une tension plus marquée des rênes, de manière à obtenir un petit trot de plus en plus rassemblé. Arrivé à ce degré d'instruction, le cheval se cadencera, dès qu'on soulèvera sa croupe.

On voit, par ce qui précède, que les premiers temps de rassembler en marchant, s'obtiennent par un jeu des aides qui détruit les bases latérales du pas et les remplace par des bases exclusivement diagonales. Il nous reste à expliquer comment l'action des jambes, à l'instar du jeu de la cravache, détruit les bases latérales du pas. Nous ne ferons que répéter, du reste, ou à peu près, ce que nous avons déjà dit dans le chapitre du rassembler à pied.

Le pas, on le sait, est une allure en quatre temps, avec des bases successivement latérales et diagonales. Toutes les fois qu'un membre antérieur tombe à l'appui, il construit une base latérale qui dure jusqu'au moment où le pied postérieur opposé en diagonale construit, en tombant à l'appui à son tour, une base diagonale.

A l'allure du pas, au pas normal par exemple, celui auquel marche le cheval quand il est en main, le pied postérieur d'un diagonal est en retard d'une *période* sur le membre antérieur.

Or, si au moment où l'antérieur droit, par exemple, tombe à l'appui, on fait une pression de jambe droite sur le flanc, on provoque le lever du pied postérieur droit, ce qui précipite l'appui du pied postérieur gauche et, par suite, diminue son retard en diagonale.

Par la même raison, la pression de la jambe gauche, au moment de l'appui du membre antérieur gauche, diminue le retard en diagonale du membre postérieur droit.

On peut donc par le jeu alternatif des jambes, basé, comme celui de la cravache, sur les appuis des membres antérieurs, diminuer peu à peu les retards en diagonale, arriver à les supprimer et, finalement, obtenir les premiers temps de petit trot cadencé.

L'essentiel, dans ces exercices du rassembler, étant de conserver la mise en main, il faudra faire agir les jambes plus ou moins près des sangles, en raison de l'appui pris sur la main par le cheval. Dans tous les cas, il faut bien se pénétrer de cette idée, que ce ne sont pas de brusques effets, mais des effets justes, qui donnent les résultats recherchés.

Soulèvement de la croupe, le cheval non monté. — Passage. — Piaffer. — Jusqu'ici, sous l'action alternée de la cravache, puis de la cravache et des jambes, et enfin des jambes seules, le cheval a surtout changé d'allure; mais, s'il a passé du pas au petit trot, les membres postérieurs ne se sont pas suffisamment engagés. L'engagement plus complet de ces membres ne peut s'obtenir que si la croupe se soulève davantage. Aussi bien ce soulèvement plus accentué de la croupe rend-il l'allure plus ascensionnelle que progressive; il donne la cadence et, par suite, le passage et le piaffer.

Le *passage* est un petit trot ralenti, plus ascensionnel que progressif; le *piaffer* est le passage sur place.

Le passage et le piaffer sont brillants, quand ils se font avec suspension.

C'est par le jeu alternatif de la cravache sur l'arrière-main, qu'on obtient le plus facilement le soulèvement de la croupe. Aussi, croyons-nous que lorsqu'on est arrivé à cette partie de l'instruction, il est bon de revenir au travail à pied et à la cravache. Ce travail à pied et à la cravache donne des résultats plus rapides, parce qu'il est plus facile pour le cheval, et que le cavalier, ne risquant rien, peut se montrer plus sévère, plus exigeant dans ses demandes et combattre, toujours avec succès, les résistances, s'il s'en produit.

Pour obtenir les premiers soulèvements de la croupe, on mettra donc pied à terre et on placera le cheval sur la piste, à main gauche de préférence, parce que le jeu de la cravache est plus facile à cette main.

Le cheval étant droit sur la piste, à main gauche, on le portera en avant, par la tension d'arrière en avant de la rêne gauche de filet et l'application de la cravache sur le flanc gauche. Le cheval marchant au pas, on subordonnera immédiatement le jeu de la cravache, sur le sommet des hanches, aux appuis des membres antérieurs.

Lorsque, dans cet exercice, le cheval bourrera à la main, on l'arrêtera et on le fera reculer, en tendant les rênes de bride et en le frappant sur les reins avec la cravache. Si la croupe se déplace, on la remettra droite, par l'application de la cravache sur le flanc gauche.

Si le jeu de la cravache sur les hanches inspire au cheval une crainte telle, qu'il n'ose pas soulever la croupe et qu'il la contracte, il faudra, en excitant l'animal par des appels de langue, toucher simplement avec la cravache le mollet droit, au moment de chaque appui antérieur droit, si l'on travaille à main droite, et le mollet gauche, au moment de chaque appui antérieur gauche, si l'on travaille à main gauche.

Le jeu de la cravache sur les mollets, tout en supprimant la décontraction de la croupe, a de plus le grand avantage d'engager plus complètement les membres postérieurs, ce qui donne plus de tride à l'avant-main.

Fig. 30. — Piaffer, le cheval non monté.

Dès qu'on obtient un léger soulèvement de la croupe, c'est-à-dire un ou deux temps de cadence, il faut s'empresser de tout rendre, caresser le cheval et le renvoyer même à l'écurie.

On ne doit jamais insister beaucoup sur ce travail, au début; il faut se contenter d'y soumettre le cheval, un court instant, au commencement et à la fin de chaque leçon.

Il n'est pas inutile, dans ces premiers essais de cadence, de fredonner un air en deux temps, chaque temps correspondant à chaque application de la cravache sur l'une ou l'autre hanche.

Le cheval s'habitue rapidement à cet air et se met de lui-même à la cadence, dès qu'il l'entend fredonner.

Lorsque la cadence est d'une exécution facile, on y soumet le cheval de plus en plus longtemps, en continuant le jeu de la cravache sur la hanche gauche, toutes les fois que le diagonal gauche tombe à l'appui, et sur la hanche droite, au moment de chaque appui du diagonal droit. Enfin, l'allure est progressivement ralentie, jusqu'à ce que l'animal se mette au piaffer. (Fig. 30.)

A ce moment, on cherche à obtenir, à cheval, le soulèvement de la croupe. Le cheval monté, on soulève sa croupe par le jeu simultané des jambes et de la cravache.

Fig. 31. — Marche au Pas. — Soulèvement de la Croupe par le jeu des jambes et de la Cravache.

Soulèvement de la croupe, le cheval monté. — Dans ce travail, on tient dans la main gauche les quatre rênes, celles de bride plus ajustées que celles de filet, et, dans la main droite, la cravache, dont on dirige la pointe dans la direction de la croupe.

Les ongles de la main droite sont légèrement tournés en dessous; le pouce, allongé, est appliqué sur le pommeau de la cravache.

Comme précédemment, le jeu des jambes et de la cravache est subordonné, pendant la marche au pas, aux appuis des membres antérieurs. (Fig. 31.)

Lorsque le cheval, sous l'action combinée des jambes et de la cravache, se met facilement du pas au passage, on supprime le jeu de la cravache et l'on cherche à obtenir le mouvement, avec les jambes seules.

Le passage ainsi obtenu (fig. 32), on ralentit insensiblement le mouvement en avant, jusqu'à ce qu'il ait lieu sur place. Le cheval est alors au piaffer.

La figure 33 représente l'instant du piaffer où le diagonal

Fig. 32. — Passage obtenu par les jambes seules.

droit tombe à l'appui. C'est le moment où doit se faire la pression de la jambe droite.

La figure 34 représente la phase du piaffer où le diagonal gauche, à la suite de la pression de la jambe droite, s'est mis au soutien. La pression de la jambe droite doit se continuer jusqu'au moment où le diagonal gauche tombe à l'appui.

A mesure que le mouvement en avant se ralentit, la croupe se soulève avec plus de difficulté, et il faut, ordinairement, que la cravache vienne de nouveau prêter son concours aux jambes.

Le piaffer est un des airs de manège les plus difficiles à obtenir. Si nous attachons à son exécution une importance capitale, c'est qu'il permet à l'écuyer, par le rassembler complet qu'il procure, d'être absolument maître de la tête et de la croupe. De plus, grâce à ce rassembler, les bases diagonales de sustentation, devenant très petites, mettent le cheval dans un équilibre très instable, qui lui permet d'obéir aux moindres indications des aides.

Comme nous, les anciens écuyers attachaient à cet air de

Fig. 33. — Piaffer. Instant où le diagonal droit tombe à l'appui. C'est le moment où doit se faire la pression de la jambe droite.

manège une très grande importance; seulement, ils le commençaient dans les piliers, ce que nous n'admettons pas. Obtenu de la sorte, le piaffer accule le cheval et le met sur les hanches, ce qui donne peut-être beaucoup de tride à l'avant-main, mais nuit au lever des membres postérieurs.

Le piaffer n'est un merveilleux assouplissement que si on l'obtient par des moyens raisonnés, c'est-à-dire par un jeu des aides basé sur le mécanisme animal.

Il arrive fréquemment que le cheval, sous l'action combinée des jambes et de la cravache, se met au galop sur place quand on lui demande du piaffer. Or, comme en définitive, le piaffer n'a pour but que l'engagement des membres postérieurs et la préparation au galop ralenti et aux changements de pied, il faut, toutes les fois que l'animal se met au galop sur place, s'empresser de l'encourager à cet air, et ne revenir au piaffer que plus tard.

Le passage et le piaffer ne doivent s'exécuter au milieu du manège que lorsqu'on les obtient régulièrement sur la piste.

Fig 34. — Phase du Piaffer où le cheval, à la suite de la pression de la jambe droite, s'est mis au soutien.

Rassembler de pied ferme. — *Le Rassembler de pied ferme,* le cheval monté, s'obtient, nous l'avons dit précédemment, par le jeu alternatif des jambes, basé sur l'éloignement des membres postérieurs. Dans le rassembler de pied ferme, l'avant-main doit rester immobile.

Le cavalier ne pouvant voir, sans déplacer le haut du corps, où se trouvent les membres postérieurs qu'il s'agit d'engager, il est nécessaire que le rassembler en place, le cheval monté, se fasse, au début, sous la direction d'un instructeur.

Pour rassembler son cheval de pied ferme, le cavalier ajuste ses rênes, provoque la mise en main et attend les ordres de l'instructeur.

Si les deux pieds du cheval sont sur la même ligne, l'instructeur commande au cavalier d'engager l'un ou l'autre, à son gré. A ce commandement, le cavalier fixe davantage la main, glisse les deux jambes en arrière, et touche avec l'éperon le flanc

Fig. 35. — Rassembler de pied ferme. — Engagement du Membre postérieur droit par l'action plus marquée de la jambe droite.

droit ou gauche, selon qu'il a à engager le membre postérieur droit (fig. 35) ou gauche. La jambe, opposée au côté où l'éperon se fait sentir, veille à ce que la croupe ne se traverse pas; elle agit à l'endroit le plus efficace.

Si les deux membres postérieurs ne sont pas sur la même ligne, l'instructeur indique quel est celui qui est le plus éloigné, celui qu'il faut engager. Le cavalier l'engage, de la même manière que précédemment, et prévient le déplacement de la croupe avec la jambe opposée au côté où se fait l'engagement.

Dès que le membre qu'il s'agissait d'engager s'est porté en avant, l'instructeur en prévient immédiatement le cavalier, qui s'empresse de tout rendre et de caresser le cheval.

Lorsque l'animal se rassemble facilement en place, on exécute les premières pirouettes de pied ferme.

Pirouettes de pied ferme. — Jusqu'à présent, nous n'avons demandé au cheval que des pirouettes en marchant; le moment est venu de lui faire exécuter des pirouettes de pied ferme.

Si nous n'avons encore fait que des pirouettes en marchant, c'est que, pour les bien exécuter, il suffit simplement de saisir l'instant de la marche où le membre postérieur, servant de pivot, est engagé, ce qui est facile. Les pirouettes de pied ferme, au contraire, nécessitant l'engagement préalable du membre postérieur servant de pivot, ne peuvent se faire qu'avec un cheval qui se rassemble.

C'est pour cette raison que nous ne commençons ces dernières qu'après les exercices du rassembler.

Les pirouettes se font au milieu du manège; les demi-pirouettes, au milieu du manège ou sur la piste, indifféremment.

Les demi-pirouettes sur la piste sont commencées les premières.

Pour exécuter une demi-pirouette de pied ferme, on rassemble d'abord son cheval, en cherchant à engager davantage le membre servant de pivot, et l'on déplace ensuite l'avant-main vers l'intérieur du manège.

Dans la demi-pirouette à droite, on déplace l'avant-main à droite, en écartant la rêne droite de filet. Si cet effet de rêne est insuffisant, on fait un léger effet latéral droit.

Dès que les épaules ont décrit environ un huitième de pirouette, on glisse la jambe gauche très en arrière de la sangle, pour maintenir immobile la croupe, que l'effet de la rêne droite prédispose à tourner à gauche, et l'on rapproche la jambe droite près de la sangle, pour provoquer et entretenir le pli et la mise en main. L'action de l'éperon gauche est plus ou moins énergique selon que le pivot se déplace ou reste immobile.

L'effet de la rêne droite de filet, qui dirige les épaules à droite, et celui de la rêne droite de bride doivent être plus marqués que celui produit par les rênes gauches. Néanmoins, il faut que celles-ci, appuyées contre l'encolure, soient suffisamment en rapport avec la bouche du cheval pour empêcher un pli trop prononcé à droite. On s'en servira également pour faire un léger effet latéral gauche, si la croupe se jette à gauche.

Fig. 36. — Pirouette à droite.

Pour faciliter le mouvement de rotation des épaules vers la droite, on pèsera sur l'étrier droit. Simultanément, on inclinera le haut du corps légèrement en arrière et à droite, pour surcharger le membre postérieur, servant de pivot, et le maintenir plus fixe.

La pirouette complète à droite sera exécutée au milieu du manège (fig. 36), et d'après les mêmes principes, dès que la demi-pirouette se fera bien sur la piste.

On obtient la demi-pirouette et la pirouette de pied ferme à gauche, en employant des effets inverses.

Il est bon, pendant l'exécution complète d'une pirouette, de faire plusieurs arrêts, suivis chacun d'une flexion latérale et complète de l'encolure. Cette flexion se fait à droite, pendant l'exécution de la pirouette à droite; et à gauche, pendant l'exécution de la pirouette à gauche.

Ces arrêts, pendant la pirouette, empêchent le cheval de se routiner et l'habituent à n'obéir qu'aux indications de son cavalier.

Les pirouettes ne conviennent pas également à tous les chevaux. Si l'on a affaire à un cheval qui se cabre, on devra bien se garder de l'exercer aux pirouettes. Les pirouettes renversées lui conviendront seules, parce qu'elles l'obligent à surcharger l'avant-main. Au contraire, si le cheval a une tendance à ruer, il faudra l'exercer principalement aux pirouettes, lesquelles l'obligent à surcharger son arrière-main.

CHAPITRE XVIII

TRAVAIL A CHEVAL — DU GALOP

Mécanisme du galop. — Impressions que reçoit l'assiette du cavalier à l'allure du galop. — Exercices au galop d'une piste sur la ligne droite et sur le cercle. — Travail au galop sur des lignes droites et courbes. — Doublers, demi-voltes et voltes d'une piste. — Parade.

écanisme du galop. — Le galop est une allure sautée, en trois ou quatre temps, avec suspension simple ou suspension accompagnée de projection. (Voir *Art Équestre*, 1re partie, de la page 123 à la page 127.)

La suspension est simple au galop normal et à tous les galops ralentis. Elle est accompagnée de projection à tous les galops allongés.

Le galop normal et la plupart des petits galops ralentis sont en trois temps.

Le petit galop très ralenti peut se faire également en quatre temps. Ce genre de galop est assez rare.

Tous les galops plus rapides que le galop normal sont en trois temps, à l'exception du galop de course, qui est en quatre temps.

Au galop normal, le cheval *se piste*; il *se piste* ou *se dépiste*, au petit galop; il *se mépiste*, à tous les galops allongés.

Nous ne nous occuperons dans le dressage que du galop en trois temps, le seul usité au manège.

Dans le galop en trois temps à droite, le premier temps est marqué par le pied postérieur gauche; le deuxième, par le diagonal gauche; le troisième, par le membre antérieur droit. Le troisième temps est suivi d'une suspension, après laquelle le pied postérieur gauche retombe à l'appui pour marquer le premier temps d'un nouveau pas de galop.

Dans le galop en trois temps à gauche, le premier temps est marqué par le pied postérieur droit; le second, par le diagonal droit; le troisième, par le membre antérieur gauche. Le troisième temps est suivi d'une suspension, après laquelle le pied postérieur droit marque le premier temps d'un nouveau pas de galop.

A tous les genres de galop, c'est le membre antérieur tombant le dernier à l'appui qui donne le nom à la direction du galop : galop à droite, si c'est l'antérieur droit; galop à gauche, si c'est l'antérieur gauche.

Au manège, le cheval galope *à faux* sur la piste ou sur le cercle, lorsque, les battues se faisant dans l'ordre régulier, le troisième temps est marqué par le membre antérieur du dehors.

Le galop est *désuni,* lorsque les antérieurs effectuent leurs foulées dans l'ordre inverse des foulées du galop ordinaire, c'est-à-dire lorsque le deuxième temps est marqué par un latéral, au lieu de l'être par un diagonal.

Il suit de là que le cheval ne se désunit que par l'interversion des appuis antérieurs; mais les écuyers ont cru devoir employer deux expressions pour désigner deux genres de galop désuni.

En effet, le cheval peut, à main droite par exemple, galoper *juste* du derrière et *à faux* du devant, de même qu'il peut, à la même main, travailler à faux de l'arrière-main et juste de l'avant-main.

Dans le premier cas, on dit communément que le galop est

désuni du devant et à faux, et, dans le second cas, qu'il est désuni de l'arrière-main.

Ces appellations n'ont rien de scientifique, mais elles sont consacrées par l'usage.

Il est bien évident que, sur une route, marchant droit devant lui, le cheval ne peut se désunir que du devant, parce qu'il ne galope jamais à faux.

Impressions que reçoit l'assiette du cavalier à l'allure du galop. — Le branle du galop s'effectuant dans le sens de la diagonale, d'arrière en avant et d'avant en arrière, l'assiette du cavalier reçoit, à chaque pas de galop, deux impressions en diagonale et en sens contraire.

Dans le galop à droite, l'assiette est chassée de gauche à droite, d'arrière en avant, entre la deuxième et la troisième foulée, et de droite à gauche, d'avant en arrière, entre la troisième foulée d'un pas et la première d'un nouveau pas. Dans le galop à gauche, l'assiette est chassée de droite à gauche entre la deuxième et la troisième foulée, et de gauche à droite, entre la troisième foulée d'un pas et la première d'un nouveau pas.

Dans le galop à droite, la jambe droite du cavalier a une tendance à glisser en avant. Cela vient de ce que, au moment de la deuxième foulée, l'appui du membre antérieur gauche imprime à l'assiette une secousse qui renvoie le corps du cavalier du côté où se continue le mouvement.

Pour une raison du même ordre, la jambe gauche du cavalier a une tendance à glisser en avant, dans le galop à gauche.

Travail au galop sur la ligne droite. — Les premiers départs au galop se demandent au bout d'un des petits côtés du manège, en arrivant dans un coin. On y prépare le cheval, en le mettant préalablement au trot, dont on active la vitesse sur le petit côté.

En arrivant sur le grand côté, on provoque le départ au galop à droite, si l'on est à main droite, par une pression plus prononcée de la jambe gauche, loin des sangles, et une tension plus marquée de la rêne gauche, au moment de l'appui du diagonal gauche. Cet effet latéral oppose l'épaule gauche à la hanche gauche et traverse le cheval. Il a pour but de laisser plus de liberté à l'épaule droite et, en dissociant les battues du diagonal droit, de précipiter celle du pied postérieur gauche qui doit, après la suspension succédant à l'appui du diagonal gauche, marquer le premier temps du galop à droite.

Si, sous cette action, le départ au galop n'est pas obtenu, on continue le même effet, dont on augmente la puissance au moment de chaque appui antérieur gauche. On pince, au besoin, de l'éperon gauche.

Le départ obtenu, on diminue, on cesse même l'effet latéral et on remet le cheval droit. En même temps, les jambes sont rapprochées des sangles, celle du dehors un peu plus en arrière que celle du dedans.

Si le cheval a une tendance à quitter l'allure du galop, on l'y maintient en faisant, plus en arrière des sangles, une pression des deux jambes au moment de la troisième foulée.

Le départ au galop à gauche s'obtient d'après les mêmes principes, c'est-à-dire par rêne droite et une pression plus marquée de la jambe droite, au moment de l'appui du membre antérieur droit.

Lorsque, par l'opposition de l'épaule à la hanche, le départ au galop se fait facilement, on cherche à l'obtenir sans cette opposition.

Dans les premiers départs au galop, il ne faut pas s'occuper de la mise en main; on doit, au contraire, laisser au cheval le plus de liberté possible et se contenter d'avoir une allure régulière et soutenue. Ce n'est que dans le cas où l'allure devient désordonnée qu'on fait un effet d'ensemble.

Si le cheval galope désuni ou à faux, on l'arrête immédiatement, on le remet au trot et on provoque un nouveau départ.

On aura soin, dans la marche au galop, d'exercer toujours davantage le côté qui présentera le plus de résistance.

Les chevaux dressés pour des dames devront être plus particulièrement exercés à galoper sur le pied droit. En voici la raison :

Dans le galop à droite, le branle du galop se faisant diagonalement, d'avant en arrière et de droite à gauche, après le troisième temps, la femme a le poids du corps rejeté sur l'étrier et la fourche, au moment du premier temps suivant, ce qui lui donne une plus grande solidité. Dans le galop à gauche, au contraire, son assiette étant rejetée d'avant en arrière et de gauche à droite, après le troisième temps, elle perd le contact avec l'étrier au moment du premier temps suivant, ce qui est moins commode pour elle. Le galop à droite est donc plus favorable à son assiette.

Galop en cercle. — Comme au pas et au trot, les exercices au galop sur le cercle feront suite aux exercices sur la ligne droite.

Le travail sur le cercle arrête l'élan donné à la masse par les membres postérieurs; il sert à régler et à raccourcir l'allure. C'est par le galop en cercle qu'on ralentit les chevaux ardents, qu'on les met en main, alors que sur la ligne droite on n'en est pas maître.

Avant de provoquer le départ au galop, on met préalablement le cheval au pas, sur un grand cercle, pour lui faire connaître le chemin qu'il a à parcourir. Le diamètre de ce cercle doit avoir la longueur qui sépare les deux grands côtés du manège. Du pas, on met ensuite le cheval au trot et, en arrivant au mur, on provoque le départ au galop au moment où le diagonal du dehors tombe à l'appui. Le départ obtenu, on parcourt plusieurs fois le cercle, en laissant au cheval le plus de liberté possible. Ce n'est que plus tard, lorsque le départ et la marche au galop se feront régulièrement, qu'on recherchera la mise en main.

La marche régulière au galop sur le cercle doit toujours se faire au moyen de l'effet diagonal droit ou gauche, selon qu'on galope à main droite ou à main gauche.

Par l'effet diagonal, l'écartement ou la tension plus marquée des rênes du dedans place le bout du nez dans la direction du cercle;

La pression de la jambe du dedans, près de la sangle, conserve le pli et provoque ou entretient la mise en main;

Les rênes du dehors, appuyées contre l'encolure, maintiennent les épaules sur le cercle;

La jambe du dehors, par sa pression loin de la sangle, donne l'impulsion, engage le membre postérieur qui marque le premier temps et maintient la croupe sur la même ligne que les épaules.

Lorsqu'on galope sur un petit cercle, il faut augmenter l'action de la jambe du dehors, pour combattre les effets de la force centrifuge, qui sont d'autant plus grands que la circonférence du cercle est plus petite.

Généralement, lorsque le cheval a parcouru trois ou quatre cercles au galop, il abaisse de lui-même l'encolure et ralentit l'allure. Il faut s'empresser, dès que l'encolure s'abaisse, de faire une descente de main complète, tout en tenant les jambes près. Quand, après la descente de main, on néglige de continuer l'effet des jambes, qu'on les ouvre, il arrive bien souvent que le cheval s'arrête.

Le travail au galop sur le cercle doit être fréquemment interrompu par des exercices au trot et au pas sur la ligne droite.

Travail au galop sur les lignes droites et courbes. Doublers, demi-voltes et voltes d'une piste. — Le cheval une fois ralenti par le travail sur le cercle, on le remet sur la piste et on continue son dressage sur des lignes droites et courbes.

Les mouvements sur des lignes courbes consistent en doublers, demi-voltes et voltes; ils se font d'abord d'une piste.

Les exercices sur le cercle ayant habitué le cheval à marcher à une allure plus ralentie, on devient très sévère : on exige sur la ligne droite la mise en main et le ralentissement, car ces deux conditions sont indispensables pour l'exécution précise des mouvements au galop.

Pour obtenir la légèreté et le ralentissement, il faut, le branle du galop une fois donné, presser de la jambe du dedans, très près de la sangle, et de la jambe du dehors, un peu plus en arrière. Si ces effets sont insuffisants, on galope, les deux éperons au poil, en rapprochant, au besoin, la jambe du dehors aussi près que l'autre de la sangle. Quant à la main, elle reste fixe et légère. En cas de résistance prolongée, on arrête le cheval et on le fait reculer, avant de l'embarquer de nouveau au galop.

Dès qu'on obtient au galop une cession de mâchoire, il faut faire une remise de main et desserrer légèrement les jambes; on reprend ensuite, en rapprochant les jambes avant de tendre les rênes. C'est en rendant et en reprenant fréquemment qu'on arrive à obtenir une légèreté constante.

Au galop, on ne peut pas, comme au pas et au trot, marcher les deux bouts indifféremment en dedans ou en dehors, attendu que tout changement d'effet diagonal amène le changement de pied, dès que le cheval est mis.

Comme au pas et au trot, on habituera le cheval à l'arrêt par la crinière. On aura soin, dans ces arrêts, de porter le haut du corps plus en arrière qu'aux autres allures.

Les doublers, demi-voltes et voltes, ne pouvant se faire qu'à un moment précis de la marche, ne devront être exécutés que lorsque l'allure sur la ligne droite sera devenue plus ralentie.

Les doublers, demi-voltes et voltes s'exécutent au moment de la deuxième foulée du galop, c'est-à-dire au moment où le membre antérieur du dehors tombe à l'appui. (Fig. 37.) L'indication du mouvement doit être faite un peu avant que cet appui se produise, pour que le cheval ne soit pas surpris par la demande.

Les voltes et demi-voltes au galop sont, pour le cheval, un excellent exercice; elles l'habituent à se ralentir et à se rassembler. Pour le cavalier militaire, elles sont de la plus grande importance au point de vue du combat individuel; elles devraient, avec les

Fig. 37. — Petit galop en trois temps, à gauche; instant de la 2e foulée. C'est le moment de la marche où doivent être exécutés tous les mouvements à gauche.

changements de pied, faire partie de son instruction. Dans le combat individuel, le cavalier qui saura faire exécuter à son cheval le changement de pied et la volte, aura sur son adversaire une supériorité marquée. Il pourra, par exemple, simulant une fuite, se faire poursuivre par un adversaire et le tenir à sa merci, par un changement de pied et une volte exécutés au moment où il sera sur le point d'être atteint.

Les demi-voltes et voltes d'une piste se font assez grandes, au début. Toutefois, elles ne doivent pas dépasser le milieu du manège. On ne fait des voltes plus étroites que lorsque le cheval en exécute facilement de grandes.

Parade. — On appelle *Parade*, l'arrêt court du cheval à toutes les allures.

L'arrêt court au galop doit être enseigné au cheval, mais il ne doit être fait qu'aux allures normales ou à des allures plus ralenties encore. Ce n'est qu'en cas de nécessité absolue qu'on arrête brusquement à des allures accélérées. Si l'on abusait de l'arrêt à ces dernières allures, on ruinerait rapidement les jarrets de son cheval.

On obtient l'arrêt court au galop en renfermant énergiquement son cheval, au moment de la troisième foulée, et en portant vivement le haut du corps en arrière.

On renferme le cheval à l'instant où se fait la troisième foulée, parce qu'à ce moment, l'animal, étant à l'appui sur une base tripédale, se trouve dans les conditions les plus favorables pour commencer le travail de ralentissement.

Nous croyons, à ce sujet, devoir entrer dans quelques détails.

Au moment où le membre antérieur droit, dans un pas de galop à droite, par exemple, marque son appui, ou troisième foulée, les deux membres du diagonal gauche sont encore sur le sol. L'antérieur droit forme ainsi une base dite tripédale postérieure droite. (Voir *Art équestre*, 1re partie, fig. 31, attitude 5.)

Si donc l'on renferme le cheval à ce moment, on le met en situation de préparer l'arrêt, attendu que la pression des éperons, près des sangles, agit avec opportunité et efficacité sur les membres antérieurs, naturellement destinés à combattre l'impulsion. L'arrêt est également secondé par le membre postérieur droit, attendu que les deux membres du diagonal gauche, étant tombés en même temps à l'appui, au moment de la deuxième foulée, oscillent dans des conditions identiques et associent inévitablement leurs actions.

Mais, le vrai mécanisme de l'arrêt ne commence qu'après la courte suspension qui succède au troisième temps. Alors, le postérieur gauche tombe à l'appui en mépister, pister ou dépister, selon que le renfermer a été fait à un galop plus ou moins précipité, et fléchit de façon à présenter la forme d'un étai, incliné plus ou moins obliquement, d'avant en arrière. Ensuite, le diagonal gauche se dissocie, c'est-à-dire que le postérieur droit tombe à l'appui avant l'antérieur gauche. Enfin, l'antérieur droit termine l'arrêt, en venant s'arc-bouter un peu en avant de son congénère.

La Parade, comme on le voit, s'exécute en quatre temps.

Dans l'arrêt au galop à gauche, les mêmes phénomènes se reproduiront dans l'ordre inverse, c'est-à-dire que les membres viendront successivement marquer leur appui dans l'ordre suivant :

1° Postérieur droit ;

2° Postérieur gauche ;

3° Antérieur droit ;

4° Antérieur gauche.

Dès que l'arrêt est obtenu, la main doit s'empresser de tout rendre, car l'acculement se produirait inévitablement si le cheval n'était pas reporté immédiatement en avant.

La parade est bien faite, quand l'arrière-main est bien engagé et que le cheval s'arrête, la tête bien placée, c'est-à-dire perpendiculaire au sol.

Remarque. — Lorsque le cheval n'est pas arrêté au galop normal, ou à un galop s'en rapprochant, les phénomènes de la parade peuvent différer de ceux précédemment exposés.

A un galop très ralenti, par exemple, la résistance des trois membres, formant la base tripédale, peut suffire à arrêter le cheval. Dans ce cas, le membre postérieur gauche, dans un arrêt à droite, tombera à l'appui avant qu'une suspension se produise.

A un galop un peu rapide, au contraire, l'arrêt se fera toujours après une suspension, et principalement par les membres postérieurs, qui tomberont successivement à l'appui avant les antérieurs. Dans ce cas, la parade sera accompagnée d'une légère courbette.

Enfin, à un galop très accéléré, l'arrêt ne pourra se faire qu'après plusieurs pas de galop, successivement ralentis.

CHAPITRE XIX

TRAVAIL A CHEVAL — TRAVAIL DES DEUX PISTES AU GALOP

Changements de main diagonaux. — Tête au mur et croupe au mur. — Galop sur le cercle, croupe en dedans et croupe en dehors. — Voltes de deux pistes.

hangements de main diagonaux. — Le travail de deux pistes au galop se commence, comme au pas et au trot, par des changements de main diagonaux, c'est-à-dire sur une ligne où le mouvement en avant est plus marqué que celui de côté. Ces changements de main, commencés d'une piste, se terminent par deux ou trois pas d'appuyer avant d'arriver au coin opposé à celui d'où l'on est parti. Ces mouvements d'appuyer se font en avançant et parallèlement au mur. Après avoir changé de main, on met le cheval au pas.

Lorsque le cheval appuie facilement sur la ligne diagonale, on parcourt celle-ci dans toute sa longueur, en avançant et en appuyant, parallèlement au mur. Progressivement, on diminue la longueur de cette ligne, c'est-à-dire qu'au lieu de changer de main en arrivant à l'extrémité d'un grand côté, on fait le changement de main sur le milieu de ce grand côté. Dans ce changement de parcours, le mouvement de côté étant plus accentué que le mouvement en avant, on place le cheval dans une position plus oblique.

Dans tous les appuyers au galop, on doit peser davantage sur l'étrier qui se trouve du côté où l'on se dirige. La pression de la jambe qui détermine le mouvement d'appuyer, ne doit pas être constante; elle doit seulement se faire au moment de la deuxième foulée du galop, c'est-à-dire au moment où le diagonal qui marque le deuxième temps tombe à l'appui. Cette pression, faite au moment de la deuxième foulée, détermine le membre postérieur, qui a marqué le premier temps et qui va lever, à chevaler par dessus son congénère.

Régulièrement, l'appuyer au galop doit se faire avec le pli, c'est-à-dire au moyen de l'effet diagonal droit, dans le galop à droite, et de l'effet diagonal gauche, dans le galop à gauche.

Quant à l'effet latéral, on ne doit l'employer que dans les commencements, alors què le cheval appuie difficilement au galop. Toutefois, on pourra y revenir exceptionnellement plus tard, quand on rencontrera une résistance de la croupe.

La progression au galop étant la même qu'au pas et au trot, le travail de tête et croupe au mur succèdera aux changements de main diagonaux de deux pistes.

Tête au mur et croupe au mur au galop. — Pour appuyer, tête au mur, on provoque le départ au galop, en arrivant sur un grand côté. On se base, pour le départ à droite ou à gauche, sur l'appui du membre antérieur gauche ou droit, dans la marche au pas et au trot.

Si le départ se fait avec difficulté, on traverse le cheval, ce qui s'obtient par l'effet latéral.

Pour faciliter le mouvement d'appuyer, on met le cheval dans une position excessivement oblique. Pour entretenir l'allure, on fait, comme précédemment, une pression de la jambe du dehors au moment de la deuxième foulée, c'est-à-dire, toutes les fois que le membre antérieur du dehors tombe à l'appui. En arrivant vers l'extrémité du grand côté, on redresse la croupe, ce qui s'obtient généralement en cessant la pression de la jambe du dehors. On marche ensuite au pas sur le petit côté, et l'on provoque de nouveaux départs en arrivant sur les grands côtés. Finalement, lorsque le cheval appuie facilement, on continue le mouvement sur les petits côtés, ce qui oblige à passer les coins au galop.

Comme au pas et au trot, on accélère les épaules et on ralentit

Fig. 38. — Appuyer au galop, croupe au mur, de gauche à droite. — Instant de la 2e foulée où doit se faire la pression de la jambe gauche.

les hanches, en passant les coins, ce qui s'obtient en augmentant l'effet de la rêne du dedans et en diminuant l'action de la jambe du dehors.

Les appuyers, croupe au mur, se commencent sur les grands côtés, comme les précédents.

Pour appuyer au galop croupe au mur, on place préalablement le cheval dans une position oblique, ce qui s'obtient, pendant la marche au pas, en exécutant une fraction de pirouette au moment d'un appui du membre antérieur du dehors. Le cheval obliquement placé, on marche croupe au mur, au pas, et l'on provoque le départ au galop, au moment d'un appui du membre antérieur du dedans.

L'appuyer, croupe au mur, se continue sur les petits côtés, lorsqu'il se fait facilement sur les grands. Dans le passage des coins, on ralentit les épaules et on accélère la croupe, en faisant un léger effet latéral, par rêne et jambe du dedans.

La figure 38 représente l'attitude du cheval au moment où le diagonal gauche, tombant à l'appui, marque le deuxième temps d'un pas de galop à droite, croupe au mur. C'est l'instant qui doit être saisi par le cavalier, pour entretenir, par la pression de la jambe gauche, loin de la sangle, le mouvement d'appuyer.

Galop sur le cercle, croupe en dedans et croupe en dehors. — Voltes de deux pistes. — Le travail des deux pistes se continue sur le cercle, croupe en dedans et croupe en dehors. Le cercle doit être grand, d'abord, et son diamètre, égal à la distance qui sépare les deux grands côtés du manège.

Marchant sur le cercle, au pas, de deux pistes, on demande le départ au galop, croupe en dedans, en arrivant au mur. Au début, on n'exige que quelques pas de galop, cet exercice étant très fatigant pour le cheval; on se contente même d'un bon départ. On ne parcourt tout le cercle, au galop de deux pistes, que lorsque ce travail est pour le cheval d'une exécution facile.

Le mouvement se fait d'autant mieux que l'obliquité est plus grande.

Le départ au galop sur le cercle, croupe en dehors, s'exécute après que le cheval a été placé croupe au mur, au pas. Une grande obliquité est de rigueur dans ce mouvement. Le cheval galope sur le pied du dehors. Il est très important de peser sur l'étrier du dehors. Le galop sur le cercle, croupe en dehors, est généralement connu sous le nom de *renvers*.

Enfin, on termine le travail de deux pistes au galop par des voltes ordinaires et renversées. Les premières se font, croupe en dedans; les secondes, croupe en dehors. Ces mouvements doivent toujours être exécutés au moment de la deuxième foulée d'un pas de galop, pendant la marche au galop sur la piste.

CHAPITRE XX

TRAVAIL A CHEVAL — DÉPARTS ET CHANGEMENTS D'ALLURE AU GALOP

Des départs au galop. — Mécanisme du départ au galop de pied ferme. — Départ au galop de pied ferme. — Départ au galop en marchant au pas et au trot. — Passage du galop au pas et au trot.

es départs au Galop. — Nous avons, dans les précédents exercices au galop, indiqué les moyens qu'il fallait employer et les temps qu'il fallait saisir, pour exécuter le départ en marchant au pas et au trot; il nous reste à justifier l'emploi de ces moyens et le choix de ces temps ainsi qu'à parler du départ au galop de pied ferme.

La question des départs au galop a été le sujet de controverses nombreuses. On n'imagine pas ce qu'il a été noirci de papier, en pure perte du reste, pour prouver que le départ à droite, par exemple, devait se faire par la pression de la jambe droite ou gauche ou même des deux jambes à la fois.

Ces différents systèmes avaient leurs partisans et chacun de ceux-ci prétendait à la supériorité du sien, attendu que les uns et les autres obtenaient le départ par les moyens qu'ils préconisaient.

Que faut-il en conclure? Tout simplement, que ces écuyers, quel que fût le jeu de leurs aides, communiquaient, sans s'en douter, l'impulsion, au moment où le cheval était dans l'attitude voulue pour exécuter le mouvement.

Le comte d'Aure provoquait le départ au galop à droite par l'action prédominante de la jambe gauche, après avoir préalablement traversé le cheval et porté la main à gauche.

Baucher préconisait le départ à droite par l'action de la jambe droite et un effet de rênes contraires, de droite à gauche.

Ces deux écuyers soutenaient que leur système était le meilleur, mais aucun d'eux ne donnait un argument sérieux à l'appui de son assertion.

Cela prouve qu'aucun d'eux n'avait une notion exacte des lois qui régissent la mécanique animale.

Si les écrivains hippiques qui nous ont précédé avaient mieux connu ces lois immuables, ils auraient facilement justifié le jeu de leurs aides dans le départ au galop. En effet, le jeu des aides ne peut être basé que sur la connaissance du mécanisme. Et d'abord, il y a plusieurs départs au galop : le départ de pied ferme, le départ en marchant au pas, et le départ en marchant au trot.

Selon que le départ se fait de pied ferme ou en marchant au pas ou au trot, le jeu des aides diffère. C'est encore une distinction que les auteurs hippiques se sont bien gardés d'établir. Dans le départ de pied ferme, il y a d'abord une position à donner, ensuite, une impulsion à provoquer; dans le départ en marchant au pas ou au trot, il y a simplement un temps à saisir, c'est-à-dire que la demande doit être faite à un instant précis de la marche.

C'est donc à tort que Baucher a prétendu que, pour tous les départs, indistinctement, il y avait une position à donner au cheval.

Ce n'est que dans le départ de pied ferme, nous ne saurions trop le répéter, que l'on donne au cheval une position déterminée, parce que, dans ce cas seulement, il y a à disposer les membres pour l'exécution du départ.

En effet, dans le départ de pied ferme, il faut, pour que l'enlever de l'avant-main se fasse et que le premier temps puisse s'exécuter, qu'un des membres postérieurs soit préalablement plus engagé que l'autre sous le centre. Cet engagement plus prononcé d'un membre postérieur permet au cheval de faire refluer en arrière une partie de son poids, ce qui lui facilite le soulèvement de l'avant-main. Le départ de pied ferme nécessite donc deux actions successives de jambes, tandis que le départ en marchant au pas ou au trot n'en nécessite qu'une, à un instant précis de la marche.

Le départ en marchant au pas ou au trot ne nécessite qu'une action impulsive des jambes, à un moment déterminé de la marche, parce qu'à ce moment les membres postérieurs se trouvent dans les conditions voulues pour soulever l'avant-main.

Dans le départ de pied ferme, les deux actions de jambes consistent : la première, à engager un membre, c'est la préparation au mouvement; la seconde, à provoquer l'impulsion, c'est l'exécution du mouvement.

Dans le départ de pied ferme au galop à droite, le membre postérieur droit est d'abord engagé par l'action plus marquée de la jambe droite, pendant que la jambe opposée prévient le déplacement latéral de la croupe; l'impulsion est ensuite donnée par les deux jambes, mais principalement par la jambe gauche, qui est glissée plus en arrière que la droite. C'est l'inverse dans le départ à gauche.

C'est parce que l'emploi de ces aides est difficile, et qu'il ne peut se faire qu'avec un cheval qui se rassemble facilement, ce qui exige un dressage avancé, que, dans les commencements, on traverse le cheval, à droite ou à gauche, pour partir à droite ou à gauche. En effet, dans le départ de pied ferme au galop à droite ou à gauche, dès que le cheval est traversé, le membre postérieur droit ou gauche se trouve naturellement engagé, ce qui permet de se passer du rassembler. Par ce moyen, on n'a donc plus à s'occuper de l'engagement raisonné d'un membre; il suffit, dès que le cheval est traversé, de donner l'impulsion par une pression plus marquée de la jambe opposée à la direction du galop.

On traverse le cheval à droite, en faisant un effet latéral gauche, ce qui oppose l'épaule gauche à la hanche gauche; c'est l'inverse qu'on fait pour traverser le cheval à gauche.

Pendant la marche au pas ou au trot, l'instant à saisir, pour provoquer le départ à droite, est celui où le membre antérieur gauche tombe à l'appui; c'est l'inverse pour le départ à gauche.

Dans le départ à droite, l'impulsion, au moment de l'appui du membre antérieur gauche, est déterminée par la pression des deux jambes, celle de la jambe gauche primant celle de la jambe droite. Le départ à gauche se fait, au moment de l'appui du membre antérieur droit, par l'action des deux jambes, mais principalement par celle de la jambe droite. Nous donnerons plus loin la raison de ce jeu des jambes.

Pendant la marche au pas ou au trot, il n'est pas absolument nécessaire de traverser le cheval pour obtenir les premiers départs au galop, attendu que ceux-ci se font généralement sans difficulté, si l'impulsion est donnée au moment opportun. Toutefois, en cas de résistance marquée, on pourra recourir à ce moyen de coercition, et cela pour les raisons suivantes : au pas, le *traversement* de la croupe engage davantage le membre postérieur qui a mission de faire refluer le poids en arrière; au trot, il dissocie les battues d'un diagonal, et précipite celle du postérieur de ce diagonal, qui doit marquer le premier temps du pas de galop.

Longtemps avant nous, on avait remarqué que le cheval s'enlevait plus facilement au galop, dès qu'on le traversait; mais on n'en avait jamais donné une explication rationnelle.

Mais, s'il est avantageux, s'il est même nécessaire au début de traverser le cheval, il faut, progressivement, exiger que le départ se fasse, le corps droit. Cela revient à dire qu'il faut insensiblement renoncer à l'effet latéral et n'employer, finalement, que l'effet diagonal, le seul qui permette un départ régulier.

De même que l'on part au galop, soit de pied ferme, soit en marchant au pas ou au trot ; de même, en marchant au galop, on peut instantanément passer à l'arrêt, au pas, au trot. Comme pour les départs, il y a un temps à saisir pour la bonne exécution de ces changements d'allure.

Nous allons indiquer, d'une façon plus détaillée, ce qui se passe dans ces divers mouvements et de quelle façon les aides doivent fonctionner pour les obtenir.

Mécanisme du départ au Galop de pied ferme. — Le départ de pied ferme, nous venons de le dire, ne s'obtient régulièrement qu'avec un cheval dont l'éducation est très avancée, c'est-à-dire qui se rassemble facilement, parce que ce départ ne peut se faire que par l'engagement préalable d'un membre postérieur.

Dans le départ de pied ferme et régulier au galop à droite, le membre postérieur droit s'engage d'abord sous le centre, pour préparer le lever de l'avant-main.

Le membre postérieur droit une fois engagé, le lever de l'avant-main s'exécute : le membre antérieur gauche se lève le premier ; le membre antérieur droit, le deuxième.

Le membre antérieur gauche quitte terre le premier, parce qu'il doit tomber à l'appui avant son congénère, pendant l'exécution du pas de galop.

L'avant-main enlevé, les membres postérieurs projettent la masse en avant. Le membre postérieur gauche, qui est le plus éloigné, se lève naturellement le premier, pour aller marquer le premier temps du pas de galop. Entre le lever et l'appui de ce membre, le postérieur droit supporte à lui seul le poids de la masse. Il quitte terre à son tour, dès que le postérieur gauche, tombant à l'appui, marque le premier temps du galop à droite.

Pour l'exécution du départ, le lever des quatre membres s'effectue donc dans l'ordre suivant :

1° Antérieur gauche; 2° antérieur droit; 3° postérieur gauche; 4° postérieur droit.

Fig. 39. — Départ de pied ferme au galop à droite. — Engagement du membre postérieur droit, par l'action prédominante de la jambe droite.

Pendant l'exécution du pas, les membres antérieurs retombent dans l'ordre où ils se sont levés, et les trois temps du galop sont marqués de la façon suivante :

1er Temps : postérieur gauche;

2e Temps : diagonal gauche;

3e Temps : antérieur droit.

Dans le départ au galop à gauche, les mêmes phénomènes se reproduisent dans l'ordre inverse.

Le cheval ne pouvant s'enlever au galop de pied ferme qu'en passant par les attitudes successives que nous venons d'indiquer, nous allons faire connaître le jeu des aides à employer pour provoquer le départ.

Départ au Galop de pied ferme. — Départ à droite. — Le cheval étant en station régulière, on fera :

1° un effet d'ensemble, pour prévenir le cheval;

Fig. 40. — Départ de pied ferme au galop à droite. — Moment où doit être donnée l'impulsion, par l'action prédominante de la jambe gauche.

2° Un effet de rassembler, avec action prédominante de la jambe droite (fig. 39), pour engager le membre postérieur droit;

3° Un effet diagonal droit (fig. 40), assez puissant pour soulever l'avant-main, suivi d'une pression des deux jambes, pression plus marquée à gauche, pour déterminer l'impulsion.

L'action de la jambe gauche sera prédominante, parce qu'elle a à provoquer le départ du membre postérieur gauche, qui doit lever le premier et marquer le premier temps du pas de galop à droite.

La figure 41 représente l'attitude du cheval au moment où le postérieur gauche, tombant à l'appui, marque le premier temps du galop à droite. Le postérieur droit est au lever.

Le départ de pied ferme au galop à gauche s'obtient par des moyens inverses.

Fig. 41. — Départ de pied ferme au galop à droite. — Instant de la 1re foulée du Pas de galop.

Départ au galop en marchant au pas. — Pour passer du pas au galop, on doit baser le jeu des aides sur l'appui du membre antérieur gauche, pour le départ à droite; et sur celui du membre antérieur droit, pour le départ à gauche. (Voir *Art équestre*, 1re partie, page 174, fig. 40.)

Le départ au galop à droite, pendant la marche au pas, nécessite deux actions :

1° Un effet d'ensemble : c'est le commandement d'avertissement.

2° Une pression des deux jambes, celle de la jambe gauche étant plus marquée et faite plus en arrière que celle de la jambe droite, au moment de l'appui du membre antérieur gauche : c'est le commandement d'exécution.

Dans le départ à droite, l'impulsion est donnée au moment de l'appui du membre antérieur gauche, parce qu'à ce moment, le membre postérieur droit, qui va tomber à l'appui, est engagé sous le centre et se trouve dans la position voulue pour soulever l'avant-main.

La pression de la jambe gauche est plus marquée que celle de la jambe droite et faite plus en arrière, pour attirer vivement en ávant le membre postérieur gauche, qui doit marquer le premier temps du pas de galop.

C'est pour des raisons du même ordre que, pour passer du pas au galop à gauche, l'impulsion est principalement donnée avec la jambe droite, au moment de l'appui du membre antérieur droit.

Dans une demande, on ne doit pas, en cas d'insuccès, augmenter la puissance des effets employés; il faut simplement provoquer un nouveau départ, sans plus de force, toutes les fois que le cheval est dans l'attitude voulue.

Départ au galop en marchant au trot. — Pour passer du trot au galop, on base, comme au pas, le jeu de ses aides sur les appuis des membres antérieurs.

Comme au pas, l'exécution du mouvement nécessite deux actions :

1° Un effet d'ensemble, pour fixer l'attention du cheval;

2° Une pression des deux jambes, avec action prédominante de l'une d'elles, pour déterminer l'impulsion.

Dans le départ à droite, la pression des deux jambes a lieu au moment de l'appui du diagonal gauche. Celle de la jambe gauche est prédominante et se fait plus en arrière que l'autre, parce qu'elle a pour but de précipiter l'engagement du membre postérieur gauche, qui doit, après la suspension succédant à l'appui du diagonal gauche, marquer le premier temps du galop à droite.

De même, on provoque le départ au galop à gauche, par une pression plus marquée de la jambe droite (fig. 42), au moment de l'appui du diagonal droit, parce que c'est à ce moment seul

Fig. 42. — Passage du trot au galop à gauche. — On provoque le départ par une pression plus marquée de la jambe droite, au moment où le diagonal droit tombe à l'appui.

qu'on peut précipiter l'engagement du membre postérieur droit et donner utilement l'impulsion.

Nous avons expliqué, en parlant de la parade, comment le cheval passait du galop à l'arrêt. Il nous reste à faire connaître et à expliquer le jeu des aides dans le passage du galop au pas et au trot.

Passage du galop au pas. — Marchant au galop, on passe soit au pas à droite, soit au pas à gauche, selon que le cheval, quittant l'allure du galop, marque le premier temps du pas, soit avec le membre antérieur droit, soit avec le membre antérieur gauche.

Le passage du galop au pas, à droite, se fait au moment de la deuxième foulée du galop à droite, c'est-à-dire, au moment où le membre antérieur gauche tombe à l'appui. (Voir *Art équestre,* 1re partie, page 177, fig. 41.) C'est l'inverse qui se produit dans le passage du galop au pas, à gauche.

Dans le passage du galop à droite au pas à droite, le jeu des aides consiste en un effet d'ensemble énergique au moment du deuxième temps du pas de galop. Cet effet d'ensemble agissant sur l'avant-main, puisqu'il est fait près des sangles, provoque un ralentissement dans l'allure. Il en résulte que le postérieur gauche, qui va lever, et le membre antérieur droit, qui est en l'air, ont leur élan arrêté. Par suite, le membre antérieur droit raccourcit son enjambée et tombe à l'appui en avant de son congénère, à une distance égale à la moitié de l'enjambée normale du pas. Il marque le premier temps du pas et construit la base latérale droite. A ce moment, le membre antérieur gauche se lève.

Le premier temps du pas une fois marqué, le membre postérieur gauche, qui est en l'air, tombant à l'appui à son tour, marque le deuxième temps de la nouvelle allure et construit la base diagonale droite. Au moment de cet appui, le membre postérieur droit, qui n'a pas quitté terre, pendant la durée de la base latérale droite, se met au lever. Le pas est nettement établi; le troisième temps est marqué par le membre antérieur gauche, le quatrième, par le membre postérieur droit.

Ces phénomènes se reproduisent dans un ordre inverse, dans le passage du galop à gauche au pas à gauche.

Passage du galop au trot. — Le passage du galop au trot ne se fait pas, comme le précédent changement d'allure, au moment de la deuxième foulée du pas de galop, mais au moment de la troisième, attendu que le passage d'une allure sautée à une autre allure sautée se fait toujours à la suite d'une suspension, laquelle n'a lieu, au galop, qu'après la troisième foulée.

Pendant cette suspension, le cheval intervertit l'ordre de ses membres postérieurs, c'est-à-dire que s'il passe du galop à droite au trot à gauche, par exemple, il porte le membre postérieur droit en avant de son congénère, ce qui lui permet de marquer, avec l'antérieur gauche, le premier temps du trot à gauche. (Voir *Art équestre*, 1re partie, page 181, fig. 42.)

De même, dans le passage du galop à gauche au trot à droite, le membre postérieur gauche vient se placer en avant du droit pendant la suspension qui succède au troisième temps.

Pour passer du galop au trot, on fait un effet d'ensemble, moins énergique que dans le passage du galop au pas, au moment de la troisième foulée du pas de galop. Cet effet, fait près des sangles, agit sur l'avant-main ; il amène, par suite, une diminution de vitesse, ce qui permet au cheval d'intervertir l'ordre de ses membres postérieurs pendant la suspension qui succède au troisième temps.

CHAPITRE XXI

TRAVAIL A CHEVAL — CHANGEMENTS DE PIED

Changements de pied à la suite de changements de main. — Phénomènes qui se produisent pendant l'exécution d'un changement de pied. — Changements de pied sur la ligne droite et sur le cercle. — Changements de pied pendant les contre-changements de main.

E changement de pied se fait en l'air, sans discontinuer l'allure du galop, pendant la suspension qui succède à la troisième foulée d'un pas de galop.

Toutes les fois que, galopant sur un pied, on discontinue l'allure du galop pour repartir au galop sur l'autre pied, on ne doit pas dire qu'on fait un changement de pied, attendu qu'on fait simplement un nouveau départ au galop.

Les changements de pied servent à prendre les tournants sur le bon pied, c'est-à-dire à passer instantanément du galop à droite au galop à gauche, si, galopant sur le pied droit, on veut tourner à gauche, et du galop à gauche au galop à droite, dans le cas contraire.

Dans la marche au galop, on doit toujours prendre les tournants sur le bon pied. Si l'on tournait sur le mauvais pied, ce qui s'appelle : *tourner à faux,* les membres antérieurs se croiseraient, au moment de la troisième foulée, et la chute serait imminente.

Les changements de pied servent également à reposer le cheval, en n'obligeant pas les deux membres d'un diagonal à supporter isolément et successivement le poids de la masse, au moment de la première et de la troisième foulée d'un pas de galop.

La plupart des auteurs qui ont écrit sur les changements de pied n'ont pu motiver le jeu de leurs aides, parce qu'ils ne connaissaient qu'imparfaitement les lois qui régissent la mécanique animale.

Changements de pied à la suite de changements de main. — On préparera le cheval aux changements de pied, en exécutant alternativement des départs sur le pied droit et sur le pied gauche.

On aura avantage à provoquer ces départs à la suite d'un changement de main diagonal ou d'une demi-volte au galop. En arrivant sur la piste, à la fin du changement de main ou de la demi-volte, on fera un léger temps d'arrêt, on remettra le cheval au pas, et on provoquera presque immédiatement un départ sur l'autre pied, au moment d'un appui du membre antérieur du dehors.

En répétant souvent ces changements de main et ces départs, on déterminera le cheval à changer de pied presque de lui-même, en arrivant à la nouvelle main, à la seule indication du temps d'arrêt. Ce sera alors le moment de lui apprendre à changer de pied, au commandement, par l'action raisonnée des aides.

Ce jeu des aides consiste :

1° Dans un effet d'ensemble, avant d'arriver au mur : c'est le commandement d'avertissement;

2° Dans un changement d'effet diagonal, au moment de la

troisième foulée, en arrivant au mur : c'est le commandement d'exécution.

On fera un effet diagonal droit, pour changer de pied de gauche à droite, et un effet diagonal gauche, pour changer de pied de droite à gauche.

La pression de la jambe qui contribuera à l'effet diagonal sera plus marquée que celle de la jambe opposée. Au besoin, la puissance de cette jambe sera augmentée par le pincer de l'éperon.

Fig. 43. — Petit galop en 3 temps à gauche : instant de la 3e foulée. — C'est le temps qui doit être saisi pour provoquer, par l'action plus marquée de la jambe gauche, le changement de pied de gauche à droite.

Dans le changement de pied de gauche à droite (fig. 43), l'action plus marquée de la jambe gauche, au moment de la troisième foulée du galop à gauche, a pour but de provoquer l'engagement du membre postérieur gauche, lequel doit se porter en avant de son congénère, pour marquer le premier temps du galop sur l'autre pied. Cet engagement du membre postérieur gauche a lieu pendant la suspension qui succède à la troisième foulée du pas de galop; il détermine l'interversion de l'ordre des bipèdes latéraux.

De même, dans le changement de pied de droite à gauche, l'action prédominante de la jambe droite, au moment de la troisième foulée, a pour but l'engagement du membre postérieur droit et l'interversion de l'ordre des bipèdes latéraux.

Il arrive, dans les commencements, que l'effet diagonal est insuffisant pour déterminer le changement de pied. Dans ce cas, on fait le changement de pied en traversant le cheval au moment de la troisième foulée.

On traverse le cheval au moyen de l'effet latéral droit ou gauche, selon qu'on veut obtenir le changement de pied, de droite à gauche ou de gauche à droite.

Nous ferons remarquer qu'en traversant le cheval, l'action de la jambe qui provoque le changement de pied, reste la même. En effet, que le changement de pied de droite à gauche, par exemple, s'obtienne par l'effet diagonal gauche ou l'effet latéral droit, c'est toujours l'action de la jambe droite qui est prédominante.

Phénomènes qui se produisent pendant l'exécution d'un changement de pied. — Nous venons d'indiquer quel devait être le jeu des aides pour obtenir le changement de pied; il nous reste à expliquer, d'une façon plus détaillée, les phénomènes qui se produisent pendant son exécution. Nous ne le pourrons, qu'en déterminant l'attitude du cheval à la fin du troisième temps d'un pas de galop et après la suspension qui lui succède.

Dans un pas de galop normal à droite, exécuté par un cheval de 1m60, l'attitude, à la fin du troisième temps, est la suivante :

Les écarts, entre les pieds de chaque bipède latéral, sont de 0m90; les deux pieds du latéral gauche dépassent de 0m30 ceux du latéral droit; CE, représentant le centre de mouvement des épaules, est à 0m40 en avant du pied antérieur droit. (Voir *Art équestre*, 1re partie, page 134, fig. 34, attitude 6.)

Ces écarts entre les pieds persistent pendant la suspension et au moment du premier temps du pas suivant.

Dans le galop à gauche, ce sont les deux pieds du bipède latéral droit qui dépassent de 0m30 ceux du bipède latéral gauche, à la fin du troisième temps d'un pas de galop, pendant

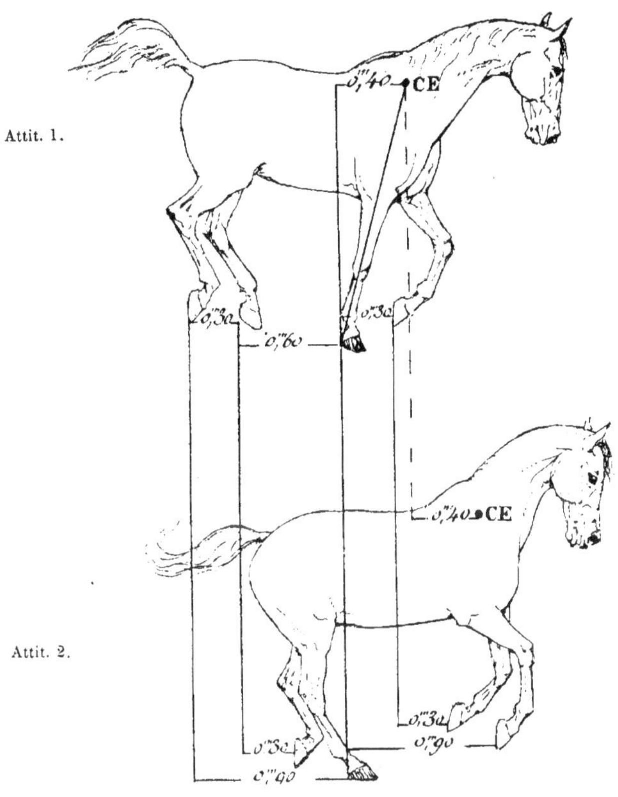

Fig. 44. — Phénomènes qui se produisent dans le changement de pied de droite à gauche. Taille du cheval 1m 60. — Échelle 1/10.

la suspension qui lui succède et au moment du premier temps du pas qui suit.

Cette disposition respective des bipèdes latéraux étant indispensable pour l'exécution du premier temps d'un pas de galop sur l'un ou l'autre pied, il est nécessaire, pour pouvoir exécuter le changement de pied, que le cheval intervertisse, pendant la suspension, l'ordre de ses bipèdes latéraux.

Dans le changement de pied de droite à gauche, le bipède latéral gauche, qui était le plus avancé à la fin du troisième temps du galop à droite, sera donc dépassé, pendant la suspension, par le bipède latéral droit.

Ce sera l'inverse qui aura lieu, dans le changement de pied de gauche à droite.

La figure 44 représente les phénomènes qui se produisent dans un changement de pied de droite à gauche.

L'attitude 1 est celle d'un cheval de 1m60, à la fin du troisième temps d'un pas de galop normal à droite, où la suspension est de 0m40. (*Art équestre,* 1re partie, page 134, fig. 31, attitude 6.)

L'attitude 2 représente le cheval, après l'exécution du changement de pied de droite à gauche, au moment où le postérieur droit, tombant à l'appui, après la suspension, marque le premier temps d'un pas de galop à gauche.

On voit, dans cette dernière attitude, que, pour se trouver dans la position nécessaire au départ au galop à gauche, les deux pieds du latéral gauche ont progressé seulement de 0m30, pendant la suspension, tandis que les pieds du latéral droit progressaient de 0m90 et CE de 0m40.

Remarque. — On dit généralement que, dans le galop à droite, les pieds du latéral droit dépassent ceux du latéral gauche, et que le contraire a lieu dans le galop à gauche. Cela n'est vrai qu'au moment où les pieds de ces latéraux marquent leurs appuis; mais, à la fin du troisième temps, pendant la suspension et au moment du premier temps d'un pas de galop, c'est toujours le latéral gauche qui a l'avance, dans le galop à droite; et le latéral droit, dans le galop à gauche.

Changements de pied sur la ligne droite et sur le cercle. —

Les changements de pied, sur la ligne droite, sans quitter la piste, ne s'exécutent que lorsqu'ils se font facilement à la suite de changements de main.

Ces changements de pied sur la ligne droite sont plus difficiles que les autres; ils étonnent le cheval qui, jusqu'alors, a été habitué à galoper, à chaque main, sur le bon pied.

On prépare le cheval aux changements de pied sur la ligne droite, en faisant, le long de la piste, de nombreux départs au galop sur le pied du dehors et sur le pied du dedans.

On a soin, en arrivant dans les coins, de toujours remettre le cheval sur le bon pied.

Dès que les départs sur l'un et l'autre pied s'exécutent facilement sur la ligne droite, on exige sur la même ligne les premiers changements de pied.

A cet effet, en arrivant sur un des grands côtés du manège, on embarque le cheval au galop sur le pied du dehors, et, au milieu de ce grand côté, on provoque un changement de pied, en employant les effets voulus. Si le changement de pied ne se fait pas, on renouvelle les mêmes effets, au moment de la 3e foulée. Au besoin, on traverse le cheval et on fait sentir davantage l'éperon. Si le changement de pied n'a pas été obtenu en arrivant à l'extrémité d'un grand côté, on remet le cheval au pas et on refait la même demande sur l'autre grand côté.

Lorsque le cheval fait un bon changement de pied sur la ligne droite, on l'arrête, on le caresse et on lui donne du repos, pour le récompenser. Au fur et à mesure des progrès, on demande sur la même ligne un plus grand nombre de changements de pied; on en fait tous les quatre, trois ou deux pas. Finalement, quand l'exécution du mouvement ne présente plus de difficulté, on peut faire le changement de pied à chaque pas de galop, ce qui s'appelle, bien à tort d'ailleurs, le changement de pied *au temps*. C'est le changement de pied *à chaque pas,* qu'il faudrait dire.

On fait également des changements de pied sur le cercle. On les exécute à la suite d'un changement de main sur le cercle.

On peut également exécuter un 8 au galop, ce qui nécessite deux changements de pied au milieu du cercle.

On obtient enfin des changements de pied au galop, à chaque pas de galop sur place.

Changements de pied pendant les contre-changements de main. — Le contre-changement de main, se composant de deux appuyers successifs et en sens contraire, nécessite deux changements de pied pendant la marche au galop. Ce mouvement ne peut donc être exécuté, au galop, que lorsque les changements de pied se font sans difficulté.

Dans un contre-changement de main, le premier changement de pied se fait à la fin du premier appuyer, et le deuxième, après le second appuyer, en arrivant sur la piste. Ce dernier changement de pied remet le cheval sur le bon pied.

Tous ces mouvements d'appuyer doivent se faire en avançant et parallèlement au mur.

CHAPITRE XXII

TRAVAIL A CHEVAL — DU SAUT

Saut en hauteur du cheval en liberté. — Mécanisme du saut à l'allure du galop. — Manière de se comporter du cavalier pendant le saut. — Dressage du cheval à l'obstacle : manière de donner la leçon.

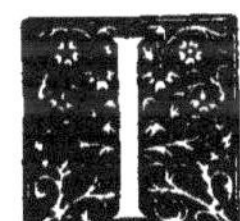

L y a deux sortes d'obstacles : les obstacles en hauteur et les obstacles en largeur. Par suite, il y a deux genres de sauts : le saut en hauteur et le saut en largeur.

Comment se franchiront ces obstacles? C'est ce que, seule, l'observation du saut du cheval en liberté pourra nous apprendre, parce qu'en liberté, l'animal, obéissant instinctivement aux lois de son mécanisme, dispose les diverses parties de son corps de la manière la plus conforme aux lois de la nature, et, par conséquent, la plus rationnelle.

Avant d'indiquer quel doit être le jeu des aides dans les différents sauts, nous passerons donc rapidement en revue les phénomènes qui se produisent pendant le saut du cheval en liberté. Nous examinerons plus spécialement ce qui se passe dans le saut en hauteur, pendant la marche au pas, parce que le franchissement de l'obstacle en hauteur, à cette allure, nécessite un mouvement de bascule très prononcé, qui rend plus marqués et plus appréciables les phénomènes du saut.

Du reste, en procédant ainsi, nous ne ferons que suivre l'intelligente progression adoptée par le comte Raoul de Gontaut-Biron, ancien écuyer à Saumur, qui, dans un ouvrage paru récemment, sous le titre : *Travail à la longe et dressage à l'obstacle*, a traité la question du saut avec une compétence sans égale.

Nous allons reproduire ou résumer quelques-uns des passages les plus importants de cet intéressant ouvrage, que nous recommandons tout particulièrement à nos lecteurs.

SAUT EN HAUTEUR DU CHEVAL EN LIBERTÉ

« En arrivant au pas sur l'obstacle, dit M. de Gontaut-Biron, le cheval précipite ses dernières foulées pour se donner un peu d'élan et diminuer ainsi l'effort musculaire nécessaire pour franchir non seulement la hauteur, mais encore ce qu'il est obligé de couvrir en largeur, quand il fait un saut en hauteur. Il se ramasse en même temps en engageant l'arrière-main sous lui; puis il retire la tête et l'encolure sur le tronc, pour reporter leur poids sur l'arrière-main et décharger ainsi l'avant-main, qui a toute facilité pour s'enlever; cette facilité est d'autant plus grande que le retrait de la tête et de l'encolure a été plus prononcé. Ce retrait a été précédé par un mouvement d'extension, qui a donné un certain ballant à la tête et à l'encolure, puis a aidé et réglé leur retrait sur le tronc.

« Ce mouvement est peu apparent, mais n'en existe pas moins, et le cheval se conforme, dans ce jeu de sa tête et de son encolure, à ce que fait l'homme avec sa main quand il veut jeter une pierre au loin : il étend d'abord en avant le bras et la main qui tient la pierre; puis il retire le bras le plus en arrière possible, pour le reporter ensuite en avant et lancer son projectile.

« Plus le premier mouvement aura d'étendue, plus le deuxième en aura également; et plus le deuxième mouvement aura d'étendue, plus le troisième aura de force pour jeter la pierre au loin.

« L'extension qui précède le retrait de la tête et de l'encolure sur le tronc, a aussi une grande importance au point de vue de la sûreté du saut, parce qu'elle permet à l'animal de se rendre bien compte de l'obstacle qu'il va franchir. »

Le retrait de l'encolure, en surchargeant l'arrière-main, facilite le lever de l'avant-main; de même, lorsque celui-ci s'est enlevé, l'extension de l'encolure déplace la plus grande partie du poids en avant, ce qui permet au cheval de soulever l'arrière-main et de faire basculer, d'arrière en avant, le grand axe de son corps autour du centre de gravité.

« L'avant-main ayant entraîné l'arrière-main dans un mouvement de bascule, les membres postérieurs arrivent à terre après les membres antérieurs et se placent plus ou moins près de ces derniers.

« La tête et l'encolure reprennent alors leur position normale, et l'animal continue sa marche. »

Lorsque l'obstacle est franchi au pas, le cheval en arrivant près de l'obstacle s'enlève très haut, d'où résulte un mouvement de bascule très prononcé. Il s'enlève de plus loin et moins haut, lorsqu'il saute à des allures rapides. Si, à une allure rapide, le cheval agissait autrement, il serait obligé de marquer un temps d'arrêt assez appréciable, en arrivant sur l'obstacle, perdrait ainsi de son élan et ne sauterait plus avec la même régularité.

MÉCANISME DU SAUT A L'ALLURE DU GALOP

Nous savons que le cheval saute aux trois allures, du pas, du trot et du galop.

L'allure à laquelle on aborde ordinairement l'obstacle étant celle du galop en trois temps, nous allons faire connaître les phénomènes qui se produisent dans le saut en hauteur et dans celui en largeur, à cette allure.

Saut en hauteur. — Dans le saut en hauteur, l'allure en trois temps du galop est rompue et se change en une allure en quatre temps, au moment du franchissement de l'obstacle.

Ce changement d'allure se fait toujours après la suspension qui succède au troisième temps d'un pas de galop. Après cette suspension, le cheval, s'il galope à droite, retombe à l'appui sur le postérieur gauche qui marque le premier temps du saut. Presqu'immédiatement après, le postérieur droit, après avoir raccourci son enjambée, tombe à l'appui à son tour un peu en avant de son congénère, auquel il vient prêter son concours pour projeter l'avant-main. Sur l'appui associé de ces deux membres, l'avant-main s'élève, les antérieurs se déploient et l'encolure s'allonge pour aider au déplacement du poids de la masse d'arrière en avant. A la suite de ce déplacement, l'arrière-main se soulève, le grand axe du corps bascule autour du centre de gravité, et l'animal se reçoit de l'autre côté de l'obstacle, d'abord sur le membre antérieur gauche, qui marque le troisième temps, et ensuite sur le membre antérieur droit, qui marque le quatrième.

Pendant ces appuis successifs des membres antérieurs, l'arrière-main s'engage sous le centre, et les pieds postérieurs prennent terre pour achever d'étayer la masse. Durant un court instant, le cheval est donc appuyé sur ses quatre membres, puis il exécute un nouveau départ au galop de pied ferme d'après les règles de mécanisme que nous avons exposées précédemment.

Les mêmes phénomènes se reproduisent dans l'ordre inverse, lorsque le cheval aborde l'obstacle au galop à gauche.

Dans le saut en hauteur, les pieds postérieurs viennent généralement marquer leur empreinte en arrière de celles des membres antérieurs.

Saut en largeur. — Dans le saut en largeur, l'allure en trois temps du galop ordinaire est rompue, comme dans le saut en hauteur; seulement, le mouvement de bascule est à peine indiqué.

L'obstacle passé, les pieds postérieurs viennent généralement marquer leur empreinte en arrière de celles des membres antérieurs. Toutefois, lorsque l'obstacle a peu de largeur, le cheval peut se pister ou se mépister, attendu qu'après le 4e temps du saut se produit une suspension, suivie d'un nouveau pas de galop.

Le saut en largeur se produit quelquefois à l'allure de la course, sans qu'il y ait d'obstacle, à la fin de la période d'appui du membre postérieur qui marque le deuxième temps du galop. A ce moment, lorsque le cheval est fortement poussé, l'échange d'appui entre le membre postérieur marquant le deuxième temps, et le membre antérieur marquant le troisième, ne se fait pas immédiatement, et il y a une courte période de suspension pendant laquelle se reproduit une des phases du saut en largeur. C'est le seul moment de la course où le cheval en l'air soit à peu près complètement allongé. C'est le seul cas aussi où la masse et les pieds soient animés d'une vitesse uniforme.

Lorsqu'on aborde l'obstacle à l'allure de la course, il n'y a pas de changement d'allure : l'ordre des battues reste le même, attendu que le galop de course est en quatre temps. Les écarts entre les pieds sont seuls modifiés.

MANIÈRE DE SE COMPORTER DU CAVALIER PENDANT LE SAUT

Étant donné que l'exécution du saut nécessite un jeu différent de l'avant-main et de l'arrière-main, selon que l'obstacle est en hauteur ou en largeur et l'allure lente ou rapide, il est nécessaire que le jeu des aides du cavalier diffère suivant l'obstacle et l'allure.

Ce jeu des aides sera d'autant plus près de la perfection, qu'il facilitera au cheval les attitudes se rapprochant le plus possible de celles qu'il prend de lui-même dans le saut en liberté.

A l'allure du galop, on abordera un obstacle en hauteur à une vitesse plutôt modérée, parce que le franchissement de cet obstacle nécessite un mouvement plus ascensionnel que progressif. On franchira en vitesse un obstacle en largeur, parce que, dans ce cas, le mouvement doit être plus progressif qu'ascensionnel.

Il s'ensuit que, dans la marche au galop, le cheval devra être conduit : sur l'obstacle en hauteur, plus rassemblé ; sur l'obstacle en largeur, la tête libre.

Au moment du saut en hauteur, lequel nécessite un rassembler plus ou moins complet, suivant la vitesse de l'allure, la main, après avoir coopéré à l'effet d'ensemble, rendra suffisamment, pour ne pas contrarier le mouvement de bascule nécessaire à l'exécution du saut.

Dans le saut en largeur, la main se déplacera à peine, attendu que l'encolure sera déjà allongée, par suite de l'allure accélérée, et que le mouvement de bascule sera à peine appréciable.

La plupart des cavaliers s'imaginent qu'il est nécessaire *d'enlever* le cheval, en abordant l'obstacle. C'est là une erreur dans laquelle il faut éviter de tomber. Enlever son cheval, nécessite une action énergique des aides qui, si elle a lieu à un moment inopportun, entrave le mouvement au lieu de le seconder. Il faut bien se pénétrer de cette idée, que la plupart des chevaux ne refusent l'obstacle que parce qu'on cherche à les enlever.

Lorsqu'on aborde un obstacle, il faut simplement maintenir la tête du cheval bien droite, et veiller à ce que l'animal ne se dérobe pas. Pour l'empêcher de se dérober, il est bon, dans les commencements, de tenir les rênes à l'anglaise, parce qu'avec cette tenue de rênes, les effets latéraux ont plus de puissance.

Si l'on voit que le cheval cherche à se dérober à gauche, on fait un effet latéral droit; on fait un effet contraire, s'il cherche à se dérober à droite.

Dans le cas où, arrivé devant l'obstacle, le cheval hésite ou s'arrête, on le pousse en avant en l'excitant de la voix et en le stimulant des jambes et de la cravache, loin des sangles. Dès qu'il a sauté, on le caresse et on lui donne du repos.

A mesure que la franchise à l'obstacle se confirme, on fait en

Fig 45. — 1re phase du Saut. — Attitude du cheval et position du cavalier.

sorte de laisser au cheval le plus de liberté possible, afin qu'il prenne de lui-même les dispositions les meilleures pour sauter. On se contente, pendant le saut, de bien se lier à ses mouvements.

Il faut, en franchissant l'obstacle, éviter de sauter avant le cheval, c'est-à-dire de porter le corps en avant, avant l'enlever de l'avant-main. C'est cette inclinaison trop précipitée du haut du corps qui fait que bien des cavaliers sont déplacés.

On doit, en sautant l'obstacle en hauteur, porter le haut du corps légèrement en avant, au moment où a lieu l'enlever de l'avant-main (fig. 45), le tenir droit, pendant que le cheval est en l'air au-dessus de l'obstacle (fig. 46), et l'incliner légèrement en arrière, au moment où les membres antérieurs tombent à l'appui (fig. 47). De la sorte, le corps du cavalier reste sensiblement « perpendiculaire au plan général du sol » pendant toute la durée du saut.

DRESSAGE DU CHEVAL A L'OBSTACLE

La meilleure manière de dresser le cheval à l'obstacle consiste à le faire sauter à la longe et non monté.

Fig. 46. — 2ᵉ phase du Saut. — Attitude du cheval et position du cavalier.

Voici, extrait ou résumé, ce que dit à ce sujet M. de Gontaut-Biron :

« Tout d'abord, nous bannissons la contrainte et, par conséquent, nous condamnons le dressage qu'on fait seulement le cheval étant monté.

« Le dressage sur les obstacles sera d'autant mieux compris que le cheval sera plus docile à la longe. »

On aura avantage à commencer le dressage par le saut en

largeur, parce que, dans ce genre de saut on peut, avant l'obstacle, précipiter les dernières foulées et éviter ainsi le temps d'arrêt, temps d'arrêt plus ou moins marqué, mais qui se produit néanmoins dans le saut en hauteur, même avec un cheval parfaitement dressé.

« Cependant, pour commencer le dressage, on se servira d'une

Fig. 47. — 3e phase du Saut. — Attitude du cheval et position du cavalier.

barre posée d'abord par terre, puis très peu élevée; et cela non pas tant pour faire sauter le cheval que pour en devenir absolument maître, en le rendant parfaitement droit et calme, comme au travail à la longe sans obstacle.

« La barre par terre, ou presque par terre, n'offre pas l'inconvénient d'un obstacle plus élevé, sur lequel l'instructeur pourrait avoir quelque difficulté à empêcher le cheval de se dérober, de s'arrêter ou de marquer un temps d'arrêt. Elle remplace avantageusement, en ce qui concerne la docilité à acquérir, un fossé très peu large, disposé de manière à ne pas gêner les mouvements de l'instructeur et qu'on n'a pas toujours à sa disposition. »

MANIÈRE DE DONNER LA LEÇON

« La barre étant par terre, par exception le travail commencera au pas, et le sous-instructeur tiendra la longe. Il laissera au cheval une liberté de deux ou trois mètres, et marchera franchement, en se dirigeant droit sur la barre, qu'il passera suivi de l'animal.

« L'instructeur, de son côté, suivra le cheval et fera en sorte *qu'il ne ralentisse en aucune façon son pas*, au moment de passer la barre; pour cela, il le stimulera avec la chambrière, si c'est nécessaire.

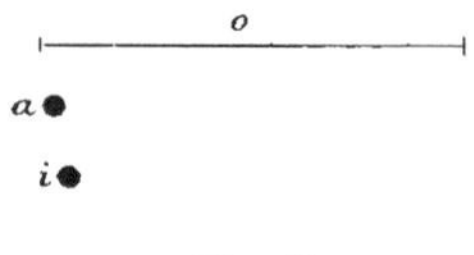

Fig. 18.
o, obstacle. i, instructeur. a, aide.

« La barre passée, on marchera quelques pas droit, on fera demi-tour sans arrêter, et on repassera la barre en sens inverse et dans les mêmes conditions. L'instructeur et l'aide reprendront alors la place qui leur est assignée dans le travail à la longe, et sans s'inquiéter outre mesure de l'allure prise par l'animal, ils le

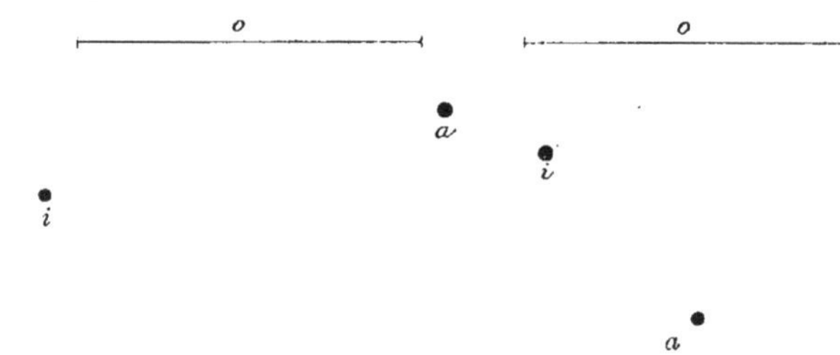

Fig. 19. Fig. 50.

mettront sur un cercle d'un rayon relativement petit, et tracé de façon que la barre se trouve sur la circonférence. Le cercle sera ensuite agrandi, quand on sera persuadé que le cheval n'a aucune envie de dérober, et l'instructeur l'y fera travailler au galop, puis au trot et au pas.

« Dans ce travail, et surtout pendant tout le cours du dressage, à mesure que les difficultés augmentent, l'instructeur aura soin de se placer du côté où le cheval arrive pour sauter, et d'autant plus en arrière de l'obstacle que ce dernier est plus élevé ou plus large, et que le cheval a plus de tendance à marquer un temps d'arrêt. L'instructeur laisse traîner à terre l'extrémité inutilisée de la longe ou la fait tenir par l'aide. Celui-ci, toujours aux ordres de l'instructeur, se place soit entre lui et l'obstacle, et d'autant plus près de l'obstacle que le cheval a plus de tendance à dérober ou à sauter de travers en dedans du cercle (fig. 48), soit à l'autre extrémité de l'obstacle par rapport à l'instructeur, si le cheval a tendance à sauter de travers en dehors du cercle (fig. 49), soit très en arrière de l'obstacle pour activer le cheval avant l'exécution du saut (fig. 50).

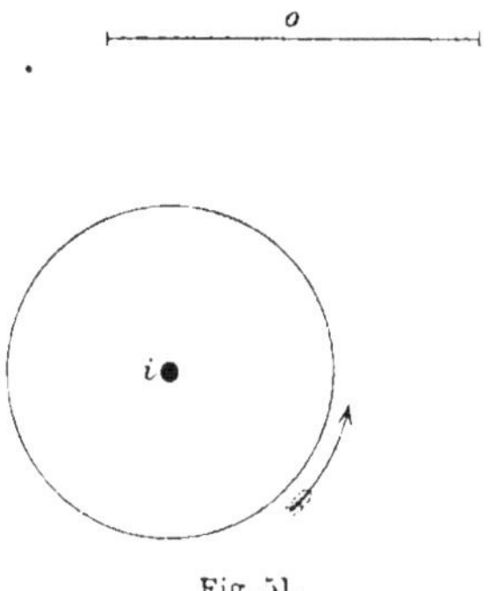

Fig. 51.

« La place de l'instructeur doit être telle que, si le cheval décri-

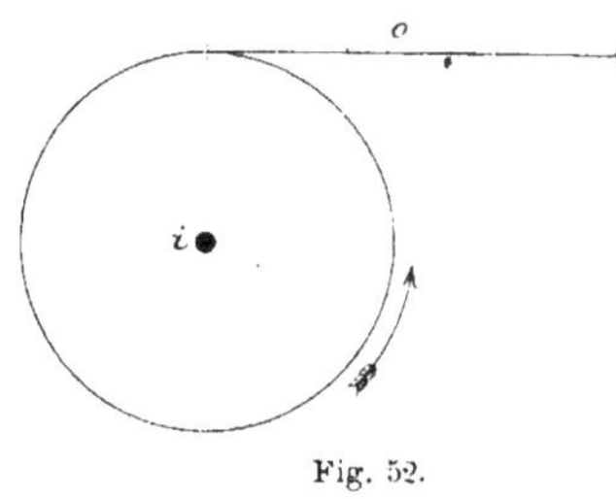

Fig. 52.

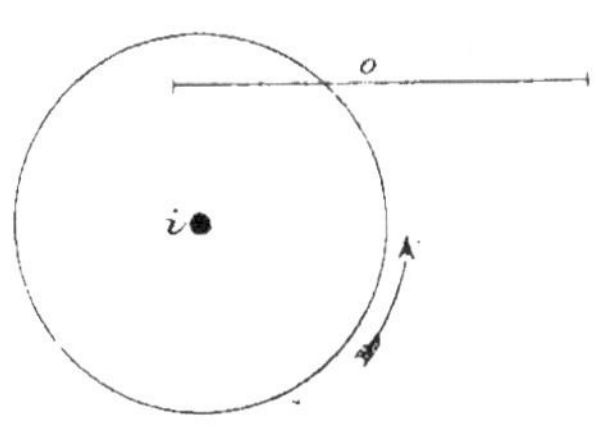

Fig. 53.

vait autour de lui un cercle régulier, ce cercle, plus exactement cette circonférence, devrait, ou passer entre l'obstacle et lui (fig. 51), ou être tangent à l'obstacle (fig. 52), ou enfin le couper de telle sorte que la plus grande partie de la circonférence soit toujours du côté où l'obstacle doit s'aborder (fig. 53). En effet, le cheval, après avoir été soumis quelques instants à ce travail, ne décrit plus une courbe régulière autour de l'instructeur; car, déjà habitué à passer la barre, il a tendance à se redresser, pour marcher sur elle, dès qu'il l'aperçoit; de plus, la chambrière, que l'instructeur est souvent obligé d'employer et qu'il ne parvient pas, malgré tous ses efforts, à dissimuler au cheval, effraie ce der-

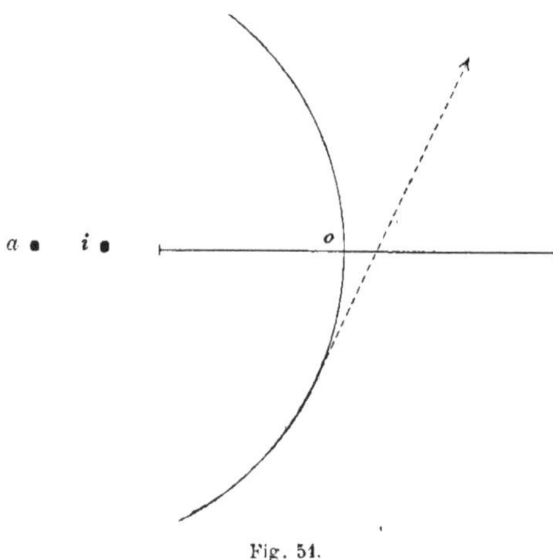

Fig. 54.

nier, le fait s'écarter et par cela même le met perpendiculaire à l'obstacle. Si l'instructeur se servait de la chambrière en se plaçant sur le prolongement de l'obstacle, il n'agirait sur le cheval qu'au moment même du saut, au lieu de pouvoir le stimuler par derrière plusieurs foulées avant l'obstacle; de plus, comment essayer de dissimuler la chambrière à l'animal, qui dès lors s'effrayerait et sauterait forcément de travers en dehors du cercle? (Fig. 54.)

« En résumé, l'instructeur, lorsqu'il fait sauter un obstacle très petit, une barre par terre, par exemple, doit se placer du côté où le cheval arrive pour sauter l'obstacle, et très peu en arrière de cet obstacle, de manière que, si le cheval décrivait un cercle régulier autour de l'instructeur, ce cercle vienne couper la barre, la plus grande partie étant en deçà et la plus petite au delà (fig. 55).

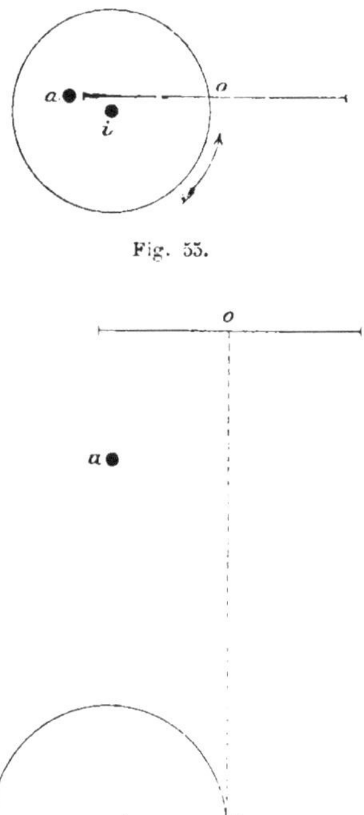

Fig. 55.

Fig. 56.

« Au contraire, lorsqu'il s'agit d'un obstacle très élevé ou très large, une rivière de cinq mètres, par exemple, nécessitant une allure allongée, l'instructeur doit se placer du côté où le cheval arrive pour sauter et très loin en arrière de l'obstacle, de manière que, s'il faisait décrire autour de lui, à l'animal, un cercle régulier et ayant un rayon de longueur ordinaire dans ce travail, ce cercle soit éloigné de l'obstacle (souvent même très éloigné, fig. 56).

« Dans ce cas, le point où le cheval quitte son cercle régulier pour se diriger perpendiculairement à l'obstacle, peut facilement être éloigné de vingt mètres de cet obstacle. Il est bien entendu que le cheval n'arrive pas du premier coup à prendre l'habitude de marcher droit sur un grand obstacle et à une aussi grande distance de ce dernier, sans chercher à dérober; cette obéissance s'obtient facilement, lorsqu'on commence à la demander sur un obstacle très petit, dont on augmente l'importance en raison des progrès de l'animal. Lorsqu'il s'agit d'un obstacle sérieux et que le cheval, décrivant son cercle autour de l'instructeur, se trouve à l'endroit où il quitte ce cercle régulier pour se diriger perpendiculairement à l'obstacle, l'instructeur peut s'avancer d'un ou de deux pas parallèlement à l'obstacle et vers le cheval; il se trouve, par cela même, tout à fait derrière le cheval et dans une excellente position pour le poursuivre et l'attaquer de la chambrière. Cette dernière ne peut le faire sauter de travers, puisqu'elle agit juste derrière lui.

« Le cheval ne devant être gêné en aucune façon dans son saut, il est nécessaire, surtout pour des obstacles d'une grande importance, que l'instructeur se serve d'une longe très légère, exempte de nœuds qui empêcheraient de la laisser couler facilement dans la main[1].

« Ainsi donc, pour les raisons que nous venons d'exposer, le cheval ne trace pas un cercle régulier autour de l'instructeur et prend l'habitude de se diriger sur l'obstacle, dès qu'il l'aperçoit.

« S'il paraissait vouloir d'ordinaire sauter de travers, l'aide devrait le remettre droit en se plaçant du côté vers lequel le cheval a tendance à sauter de travers, afin de le repousser du côté contraire, en prenant, s'il est besoin, une attitude plus ou moins menaçante. L'instructeur éprouverait une très grande difficulté si, voulant lui-même corriger le cheval qui saute de travers en dehors du cercle, il cherchait à le ramener vers l'intérieur de ce cercle par une traction sur la longe au moment du saut; par le moyen de l'aide, le défaut se corrige très facilement.

« Le saut des obstacles à la longe devra être fait aux deux mains, de façon à éviter que le cheval ne prenne l'habitude de sauter de travers d'un seul côté, à droite par exemple, si on ne le faisait travailler qu'à main gauche.

« Ces observations, ou plutôt cette longue digression, étant faites

1. L'instructeur devra, à cet effet, se munir de gros gants pour se préserver les mains.

et, par suite, l'instructeur sachant bien comment il devra agir dans tous les cas qui se présenteront, revenons à notre dressage.

« On continuera à exercer le cheval sur la barre par terre jusqu'à ce qu'il ne manifeste plus aucune appréhension. Il sera d'ailleurs facile de s'en rendre compte, si on le voit passer la barre au galop, au trot et au pas, sans temps d'arrêt, et si, au pas, il marche, avant et après l'obstacle, en balançant la tête, comme le ferait un cheval marchant nonchalamment en liberté; en un mot, si l'on voit l'animal aussi maniable que s'il était au travail à la longe sans obstacle.

« Si le cheval persiste à bourrer sur la barre ou à la sauter, ce qui arrive fréquemment, l'instructeur diminuera le cercle, arrêtera le cheval aussitôt après son saut, le fera changer de main[1], comme il est prescrit au travail à la longe, le reportera en avant par un appel de langue, lui fera repasser la barre, l'arrêtera de nouveau, et continuera ainsi en laissant l'animal marcher le moins possible de chaque côté de l'obstacle et en lui interdisant toute apparence de temps d'arrêt. L'appréhension ayant complètement disparu, l'instructeur, au lieu d'arrêter le cheval aussitôt après la barre, le laisse marcher quelques pas, le fait changer de main, repasser la barre, marcher quelques pas encore, et ainsi de suite, en augmentant plus ou moins la distance de la barre au demi-tour, suivant que le cheval est plus ou moins tranquille.

« Le travail se continuera jusqu'à ce que le cheval décrive plusieurs fois le tour complet du cercle, sans augmenter son allure et surtout sans la diminuer.

« L'animal sera ensuite soumis au même travail en augmentant le rayon du cercle, qui, dans le courant du dressage, devra être

1. Lorsque l'instructeur fait changer de main, il a soin aussi de changer le centre du cercle décrit par le cheval, afin de se mettre à sa place, par rapport à l'obstacle qu'il veut faire sauter.

d'autant plus long que le cheval sera plus docile, l'allure plus rapide et l'obstacle plus sérieux.

« La barre sera ensuite élevée progressivement jusqu'à environ 50 centimètres, en ayant soin de ne pas la mettre fixe, pour ne pas dégoûter le cheval par une chute, pouvant occasionner un accident, dont peut-être l'animal se souviendrait toujours.

« Nous préférons les obstacles mobiles pendant le commencement du dressage; car il est utile que le cheval prenne confiance et ne se fasse pas mal en sautant; nous employons ensuite les obstacles fixes, lorsque le cheval a été complètement instruit sur la manière de s'y prendre pour sauter; car, s'il tombe, il peut se rendre compte de la faute qu'il a commise.

« Le cheval sera exercé le plus possible en suivant la progression des allures, l'instructeur devant attacher la plus grande importance à ce que le travail au galop soit parfaitement exécuté[1], avant de passer au travail au trot et au pas, afin de ne pas laisser le cheval prendre l'habitude de s'enlever près de l'obstacle.

« Donc, si pendant le cours de la leçon, le cheval montrait quelque hésitation en sautant la barre au galop, il ne faudrait pas hésiter à diminuer la hauteur de l'obstacle, et même à revenir à la barre par terre. Il faut que l'animal précipite les deux ou trois foulées qui précèdent la barre, mais qu'après avoir sauté, il reprenne l'allure à laquelle il marchait.

« Quand le cheval est parfaitement docile sur la barre à 50 centimètres, on lui enlève le caveçon et on le fait monter par un cavalier instruit[2]. Ce dernier aura soin de se maintenir sur le

1. La leçon sera donc d'autant plus facile à donner que le cheval sera plus docile à la longe.

2. Lorsqu'on a suivi pas à pas la progression de notre méthode, il est inutile de faire sauter les chevaux montés et tenus à la longe; nous conseillons cependant cette manière de faire avec les chevaux à mauvais caractère et qui seraient restés longtemps rétifs à l'obstacle.

cercle; il passera la barre par terre, en suivant la progression des allures[1]. Il devra, bien entendu, en savoir assez pour laisser au cheval la libre disposition de sa tête et de son encolure.

« Quand l'animal passera la barre sans sauter, on prescrira au cavalier d'agrandir le cercle de façon à arriver droit sur la barre.

« Le cavalier aura soin de changer souvent de main, soit près, soit loin de l'obstacle, et devra exiger de sa monture le même calme que si elle était à la longe, calme que le cheval acquerra promptement, s'il n'est gêné dans ses mouvements par une main trop dure ou une bouche trop sensible.

« Quand le cavalier, montant un cheval ayant tendance à bourrer sur l'obstacle, passera d'une allure lente à une allure vive, il devra le faire sans brusquerie et avant de changer de main; car, si ce passage d'une allure à une autre venait toujours après le demi-tour, le cheval pourrait croire que c'est parce qu'il se trouve en face d'un obstacle qu'il doit changer d'allure, et par suite pourrait devenir chaud à l'obstacle. Si, au contraire, montant un cheval chaud, le cavalier passe d'une allure vive à une allure lente, il devra le faire après avoir changé de main, le cheval de cette nature ayant toujours tendance à bourrer sur les obstacles. — Il ne faudrait pas, cependant, sous prétexte d'éviter le cheval chaud, tomber dans le défaut contraire et arriver sur un obstacle avec un cheval manquant d'entrain. Le cheval doit toujours avoir du perçant, sans pour cela bourrer. Mais il est préférable, au point de vue de la bonne exécution du saut, d'avoir à activer un peu le cheval, que d'être obligé de le retenir beaucoup; dans ce dernier cas, l'animal est gêné et ne peut exécuter son saut d'une manière sûre.

1. Tant que la barre est peu élevée, il vaudra mieux commencer par le trot que par le galop, le cheval étant plus maniable à cette première allure. Cette précaution facilitera le travail sur le cercle et les perpétuels changements de main, nécessaires pour calmer l'animal.

« Le cavalier doit maintenant quitter le cercle et décrire des figures de toutes sortes; en les exécutant, il passera la barre, quand il la rencontrera. Il insistera sur les serpentines, qui ont l'avantage de bercer l'animal, c'est-à-dire de l'incliner tantôt à droite, tantôt à gauche, et de l'habituer ainsi à prendre le contact de la main du cavalier, ce qui est nécessaire pour la bonne exécution du saut. Ces diverses figures, pendant l'exécution desquelles le cheval ne saute pas l'obstacle, toutes les fois qu'il passe à côté ou qu'il se trouve dans sa direction, rendent l'animal très calme, parce qu'il ne s'attend pas à sauter chaque fois qu'il se trouve près de l'obstacle.

« On répétera le travail précédent, en élevant progressivement la barre jusqu'à la hauteur d'environ 50 centimètres et en exigeant que le cheval n'augmente pas son allure après le saut. S'il l'augmente, on le calmera à force de resserrer les figures qu'on lui fait décrire, et, par suite, de répéter le saut.

« Néanmoins, comme précédemment, on n'attachera pas d'importance à ce que le cheval précipite les deux ou trois foulées qui précèdent la barre, pourvu qu'après avoir sauté, il reprenne l'allure primitive.

« Dans ce travail, le cavalier qui craindrait de gêner son cheval en sautant, devra employer de préférence l'allure du galop; car on sait que plus l'allure est rapide, moins le cavalier a chance de gêner son cheval.

« Après le travail préparatoire qui précède, le cheval sait s'enlever et est parfaitement docile sur l'obstacle. Il peut, par conséquent, être amené sur la largeur, pour laquelle une grande soumission de la part de l'animal est tout à fait nécessaire, puisque l'instructeur, comme nous l'avons dit, est un peu gêné parfois dans ses mouvements.

« Il faudra avoir à sa disposition un fossé de 1 mètre à 1m20 de large et évasé de façon à éviter toute chance d'accidents, qui feraient naître chez le cheval l'appréhension et non la confiance que nous cherchons à lui donner.

« On répétera avec la longe le travail prescrit pour la barre à 50 centimètres, en laissant, comme à ce travail, l'animal précipiter, s'il le veut, les foulées qui précèdent l'obstacle, pourvu qu'il reprenne ensuite l'allure primitive à l'indication de l'instructeur. Ce dernier devra même insister d'une manière toute particulière pour faire précipiter *la dernière foulée au moment où le cheval s'enlève.* En effet, l'animal aurait-il précipité un grand nombre de foulées avant l'obstacle, *il perd entièrement, s'il se retient à la dernière foulée, le bénéfice résultant de ce qu'il a précipité les foulées précédentes;* il est, par suite, incapable de faire un saut en largeur.

« C'est à ce point du dressage surtout, que l'instructeur devra empêcher le cheval de marquer le moindre temps d'arrêt, serait-ce même pour se rendre compte de l'obstacle. Car il faut habituer l'animal à juger rapidement, et sans s'arrêter le moins du monde, l'obstacle qu'il doit sauter; ce résultat peut parfaitement s'obtenir, puisque nous n'amenons le cheval que sur des obstacles en rapport avec l'expérience qu'il a déjà acquise. Ce travail devra être exécuté successivement, puis simultanément aux trois allures.

« Quand le cheval y sera bien mis, il sera débarrassé de la longe et monté par le cavalier, qui exécutera au trot et au galop, le même travail que pour la barre élevée à 50 centimètres, et en exigeant le même calme. Le cavalier devra souvent, aussitôt après avoir franchi l'obstacle, mettre son cheval au pas, et abandonner les rênes, pour laisser l'animal marcher comme en liberté. Cette pratique donnera l'habitude du calme après l'obstacle; le cheval, ayant accéléré les dernières foulées, pourrait en effet profiter de cette accélération pour gagner à la main. Le cavalier ressentira les bons effets de cette manière de faire dans le cas où, sentant son cheval se retenir dans les dernières foulées avant de sauter, il aurait été obligé de l'attaquer; en effet, grâce à cette habitude prise, il pourra se rendre maître de l'animal, aussitôt l'obstacle passé.

« Arrivé à ce point, le cheval sera repris à la longe, et mené dans la campagne, où, mis en cercle, il sautera facilement et passera volontiers des obstacles naturels. On ne regardera pas à lui en faire aborder de plus sérieux que ceux qu'il a sautés jusque-là; car il a toujours moins d'appréhension sur les obstacles naturels, et, par suite, il franchit plus aisément et plus adroitement.

« On augmentera d'ailleurs la difficulté des obstacles, en largeur d'abord, puis en hauteur, quand le cheval sautera la largeur sans marquer le moindre temps d'arrêt. »

CHAPITRE XXIII

MOUVEMENTS ET EXERCICES DIVERS DE HAUTE ÉCOLE

Jambette. — Pas et trot espagnols. — Des airs de manège anciens et de ceux actuellement en usage.

Jambette. — *Faire jambette*, est l'expression consacrée pour désigner l'extension complète et en l'air d'un membre antérieur.

Les premières jambettes se font en place, le cheval non monté.

On y prépare le cheval, en l'habituant à lever successivement chacun de ses membres antérieurs, dès qu'on en frappe ou touche le canon avec la cravache.

On facilite le lever d'un membre antérieur, en surchargeant son congénère. On surcharge le membre antérieur gauche par une demi-flexion de l'encolure à droite ; on fait l'inverse, pour surcharger le membre antérieur droit.

Dès que, par ce moyen, un membre antérieur est surchargé, on provoque le lever de l'autre en en frappant légèrement le canon avec la cravache, jusqu'à ce qu'il se soulève. A ce moment, on rend tout, on caresse le cheval et l'on fait lever l'autre membre, après avoir changé les effets.

Progressivement, le jeu de la cravache devient plus sévère; on en frappe alternativement chaque canon antérieur, jusqu'à ce qu'on obtienne une extension de plus en plus grande. Le cheval est à jambette, lorsque l'extension est complète.

Si, au lieu d'étendre un de ses membres, le cheval se met à en gratter le sol, on le corrige immédiatement, en donnant un ou plusieurs coups de cravache sur le canon de ce membre, jusqu'à ce que l'extension se produise.

Dans le cas où l'extension des membres ne se fait pas avec une élévation suffisante, on provoque celle-ci, en faisant face au cheval et en prenant alternativement dans les deux mains chaque membre antérieur qu'on élève aussi haut que possible.

Quand le jeu de la cravache sur les canons fait lever et reculer un membre antérieur, au lieu d'en provoquer l'extension, on cesse le jeu de la cravache sur les canons et on le répète sur les tendons.

Ce n'est que lorsqu'on obtient l'extension complète des membres antérieurs, avec l'immobilité, qu'on exerce le cheval au pas et au trot espagnols.

Pas espagnol, le cheval non monté. — Le pas espagnol est une allure en quatre temps, comme le pas ordinaire, avec cette différence que, pendant la marche, les deux membres antérieurs font alternativement jambette à chaque pas.

Le pas espagnol se commence sur la piste, à main gauche. Le cheval étant sur la piste, on se place près de lui, un peu en avant de l'épaule gauche, à laquelle on fait presque face. On tient les quatre rênes dans la main gauche et la cravache dans la main droite. Avec les rênes, on maintient la tête du cheval haute, et, avec la cravache, on provoque le lever des membres antérieurs.

Dès que, par l'application de la cravache sur le canon d'un membre, le cheval se met à jambette, on détermine le mouvement en avant et, par suite, le lever du membre postérieur opposé en diagonale, en tendant les rênes, d'arrière en avant, avec la main gauche.

Lorsque le membre antérieur qui était à jambette, tombe à l'appui, on fait un léger temps d'arrêt, et l'on provoque, comme précédemment, l'extension de l'autre membre antérieur ainsi que le lever du membre postérieur qui lui est opposé en diagonale. Progressivement, on supprime le temps d'arrêt entre les levers successifs des membres antérieurs, et, tout en entretenant le mouvement en avant, on cherche à avoir des pas avec extension non interrompus. On obtient cette continuité dans l'allure, en tapant le canon du membre antérieur gauche, au moment de chaque appui antérieur droit, et le canon du membre antérieur droit, au moment de chaque appui antérieur gauche. On accompagne le mouvement en marchant à reculons.

Jambette, le cheval monté. — Lorsque le pas espagnol s'exécute facilement à pied, on répète à cheval les exercices précédents.

Le cheval monté, on obtient jambette à droite, en faisant :

1° Un effet d'ensemble, pour fixer l'attention de l'animal;

2° Un effet diagonal droit, pour surcharger le membre antérieur gauche;

3° Une application de la cravache sur l'avant-bras droit, pour déterminer l'extension du membre antérieur droit.

On persiste dans les deux derniers effets jusqu'à ce qu'on obtienne l'extension plus ou moins complète du membre antérieur droit.

On fait jambette à gauche, en employant des effets inverses.

Pas et trot espagnols, le cheval monté. — Le cheval monté, on obtient le pas espagnol, en faisant :

1° Un effet d'ensemble;

2° Un effet diagonal droit ou gauche, pour obtenir le pas à droite ou à gauche;

3° Une application de la cravache sur l'avant-bras droit ou gauche.

On supprime le jeu de la cravache sur l'avant-bras, dès que le cheval obéit facilement à l'action des jambes.

Dans le pas espagnol, la pression de la jambe qui contribue à l'effet diagonal, se fait, au début, plus en arrière des sangles que pour jambette, parce qu'elle a pour but de provoquer, tout à la fois, l'extension et l'impulsion.

Dès que, sous l'action d'un effet diagonal, un membre antérieur, après son extension, tombe à l'appui sans revenir en arrière, — ce qui oblige le membre postérieur, diagonalement opposé, à se porter également en avant, — on fait un léger temps d'arrêt et un effet diagonal contraire.

Insensiblement, on supprime le temps d'arrêt, mais l'on a soin de persister dans chaque effet diagonal, pour obtenir à chaque demi-pas un soutien plus prolongé. De la sorte, le cheval ne se routine pas et s'habitue à obéir à la seule indication des aides.

Plus tard, lorsque l'exécution du mouvement est facile, on supprime l'effet diagonal et l'on travaille, la tête du cheval directe. Dans ce cas, on se contente de faire, près de la sangle, une pression de jambe droite, au moment de chaque appui antérieur droit (fig. 57), et une pression de jambe gauche, au moment de chaque appui antérieur gauche.

La pression de jambe se fait alors près de la sangle, parce qu'elle doit agir principalement sur les membres antérieurs dont elle a à provoquer l'extension. Si elle était faite loin de la sangle, elle agirait plus spécialement sur les membres postérieurs, et le cheval se mettrait au piaffer ou au passage.

Quand le cheval, au lieu de marcher au pas espagnol, s'obstine à faire simplement jambette, on met derrière lui un aide, qui l'incite à se porter en avant, en dirigeant une cravache dans la direction de la croupe.

Le cheval ne doit être exercé au pas espagnol, que lorsque son dressage est terminé. Si on l'habitue plus tôt à cet air, il arrive, généralement, qu'à toute demande il se met à jambette, ce qui devient à la longue une véritable défense.

Le *trot espagnol* est une conséquence du pas espagnol. On l'obtient en augmentant la puissance des effets employés pour le

Fig. 57. — Pas espagnol. — ... on se contente de faire, près de la Sangle, une pression de jambe droite, au moment de chaque appui antérieur droit.

pas espagnol. Le ramener et la mise en main ne doivent pas être exigés au pas et au trot espagnols, attendu que la grande extension des membres antérieurs n'est possible que si la tête et l'encolure s'élèvent légèrement.

Des airs de manège anciens et de ceux actuellement en usage. — Nous ne ferons que mentionner la plupart des airs connus dans les anciennes et les nouvelles écoles.

Nous entrerons dans peu de détails, parce que ces airs font plutôt partie du travail de cirque que du travail d'école. Du reste, la plupart des airs de l'ancienne école ne sont plus usités actuellement.

Les airs en faveur dans les anciennes écoles étaient : la *pesade,* le *mézair,* la *courbette,* la *croupade,* la *ballottade,* la *capriole,* le *pas* et le *saut,* le *passage* et le *piaffer.*

« La Pesade, dit la Guérinière, est un air dans lequel le cheval lève le devant haut dans une place, sans avancer, tenant les pieds de derrière fermes à terre sans les remuer. »

« Le Mézair n'est autre chose qu'une demi-courbette dont le mouvement est moins détaché de terre, plus bas, plus vite et plus avancé que la vraie courbette.

« La Courbette est un saut dans lequel le cheval est plus relevé du devant, plus écouté et plus soutenu que dans le mézair et où les hanches rabattent et accompagnent avec une cadence basse et tride les jambes de devant, dans l'instant qu'elles retombent à terre.

« La Croupade est un saut plus élevé que la courbette, tant du devant que du derrière, dans lequel le cheval étant en l'air trousse et retire les pieds et les jambes de derrière sous le ventre, et les tient dans une hauteur égale à celle des pieds de devant.

« La Ballottade est un saut, dans lequel le cheval ayant les quatre pieds en l'air, et dans une égale hauteur, au lieu de retirer et de trousser les jambes et les pieds de derrière sous le ventre, comme dans la croupade, il présente ses fers de derrière, comme s'il voulait ruer, sans pourtant détacher la ruade comme dans la capriole.

« La Capriole est le plus élevé et le plus parfait de tous les sauts. Lorsque le cheval est en l'air et dans une égale hauteur du devant et du derrière, il détache la ruade avec autant de force que s'il voulait, pour ainsi dire, se séparer de lui-même, en sorte que ses jambes de derrière partent comme un trait.

« Le terme de capriole est une expression italienne que les

écuyers napolitains ont donnée à cet air, à cause de la ressemblance qu'il a avec le saut du chevreuil, nommé en italien, *caprio*.

« Le pas et le saut est un air en trois temps. Le premier est un temps de galop raccourci ; le second, une courbette ; le troisième, une capriole. »

Nous croyons inutile de donner ici la définition des mots : passage et piaffer, qui ont été déjà expliqués au cours de cet ouvrage.

De nos jours, on fait la courbette, la pesade, la croupade, le galop et la pirouette renversée sur trois membres, le galop en arrière, le pas et le trot espagnols, le passage, le piaffer et les changements de pied.

Dans notre travail d'école, nous ne nous attachons qu'à obtenir le passage, le piaffer et les changements de pied, en un mot, simplement les airs qui nécessitent le rassembler, sans lequel la domination complète du cheval est impossible.

CHAPITRE XXIV

INDICATION DES MOYENS A EMPLOYER DANS CERTAINS CAS SPÉCIAUX

En terrain varié. — Chevaux peureux. — Demi-tours. — Chevaux qui reculent. — Chevaux qui ruent. — Chevaux qui se cabrent. — Chevaux qui s'emportent.

En terrain varié. — En terrain varié, difficile, le cavalier fera moins sentir l'action des aides et laissera à son cheval une grande initiative. C'est ainsi qu'on s'y prendra, par exemple, dans les pays de montagnes, où l'on ne rencontre souvent que des sentiers très accidentés.

Sur un terrain mou, marécageux, le cavalier fera sentir davantage l'action des aides et excitera son cheval des jambes et de la voix. Si, enfonçant dans un terrain marécageux, le cheval cherche à en sortir par des bonds désordonnés, le cavalier mettra pied à terre, prendra sa monture par la bride et la dirigera vers les endroits qui lui paraîtront offrir le plus de consistance.

Dans les montées, le cavalier inclinera le haut du corps en avant, pour alléger l'arrière-main, puis il glissera les jambes en arrière, pour déterminer une plus grande impulsion. Il laissera à son cheval une grande liberté de tête et d'encolure, pour faciliter la surcharge de l'avant-main.

Si la pente est très raide, le cavalier se couchera davantage sur l'encolure et saisira, au besoin, une poignée de crins, le plus près possible de la tête, pour maintenir le poids de son corps sur l'avant-main.

Dans les descentes, il rejettera le haut du corps en arrière, pour surcharger l'arrière-main, et il tiendra les jambes très près des sangles, pour provoquer le ralentissement dans l'allure. Si la descente est trop rapide, il parcourra une ligne sinueuse et non une ligne droite.

Quand le cavalier se trouvera sur un terrain trop glissant, il mettra pied à terre et conduira son cheval par la bride.

En traversant une rivière, il faudra avoir soin de tourner obliquement la tête du cheval dans la direction amont du courant. Le cavalier regardera sur la rive opposée, parce que rien ne donne le vertige comme de regarder le courant. Si ce courant est trop rapide, il devra venir en aide au cheval en se couchant le plus possible sur lui et en nageant de la main qui ne tient pas les rênes.

Chevaux peureux. — Avec un cheval peureux, il faudra user de douceur et de patience, avant de recourir au châtiment. Tout châtiment, brusquement infligé à la suite d'un mouvement de frayeur, ne sert qu'à affoler l'animal davantage.

Quand le cheval, effrayé à la vue d'un objet quelconque, refuse de se porter en avant, il faut rendre la main, pour faire comprendre à l'animal qu'on n'est pas effrayé soi-même, puis, lui parler avec douceur, le caresser et glisser les jambes en arrière, sans brusquerie. On aura soin de séparer immédiatement les rênes, pour prévenir un demi-tour. Ce n'est que dans le cas d'une résistance trop prolongée, qu'on renfermera énergiquement le cheval, en lui faisant regarder ce qui l'effraie.

On aura avantage, avec un cheval peureux, à sortir, pendant

quelque temps, en compagnie d'un autre cavalier dont le cheval sera franc. On se fera précéder par lui, toutes les fois qu'une hésitation se produira.

Demi-tours. — Dans le demi-tour à droite, il faut immédiatement séparer les rênes et s'opposer à la défense par un effet latéral gauche très prononcé. L'effet latéral droit sera employé dans le demi-tour à gauche.

Chevaux qui reculent. — Avec un cheval qui recule et refuse de se porter en avant, il faut, au lieu de s'opposer à son mouvement rétrograde, l'entretenir de son mieux, jusqu'à ce qu'épuisé, il cherche de lui-même à se porter en avant.

On peut encore, — et ce moyen donne généralement de bons résultats, — se faire aider par trois aides, placés : deux en avant du cheval, l'un à droite, l'autre à gauche; et le troisième, derrière. Les deux premiers provoquent le mouvement en avant, en tirant chacun une longe passée dans chaque anneau du filet; l'aide, placé derrière, est pourvu d'une chambrière, dont il menace ou frappe le cheval toutes les fois qu'il refuse d'avancer.

En employant l'un ou l'autre de ces moyens, il est rare qu'on ne vienne à bout, en peu de temps, de ce genre de résistance.

Il va sans dire que ces moyens ne seront employés qu'au manège. Hors du manège, nous n'admettons pas que cette défense se produise, vu que, pour l'équitation extérieure, on ne doit se servir que d'un cheval dressé.

Chevaux qui ruent. — On combat avantageusement la ruade, en élevant énergiquement la tête du cheval avec les rênes de filet. L'élévation de la tête, produite par cet effet de rênes, surcharge l'arrière-main et rend difficile au cheval l'appui sur les membres antérieurs, appui qui est indispensable au soulèvement de la croupe. On aura soin, en faisant agir les rênes de filet, de porter le haut du corps en arrière.

Si l'on veut simplement ne pas sentir la ruade, on n'a qu'à se tenir droit sur les étriers, au moment où elle se produit.

Chevaux qui se cabrent. — Les chevaux qui se cabrent sont très difficiles à corriger de ce défaut, attendu que cette défense provient généralement d'une souffrance ou d'une faiblesse des reins.

Si le cheval se cabre, jusqu'à se renverser, c'est qu'il souffre. Il faut renoncer à le monter.

S'il se cabre sans se renverser, c'est qu'il est violent et irascible. Dans ce cas, il faut combattre cette défense au manège, l'animal non monté, d'abord; monté, ensuite.

A cet effet, dès que le cheval se cabre violemment sous le cavalier, celui-ci met immédiatement pied à terre et frappe avec la cravache les canons des membres antérieurs, jusqu'à ce que l'agenouillement soit obtenu. Le coup de cravache doit toujours être donné sur le canon du membre antérieur qui tombe à l'appui. Il provoque ainsi le lever de ce membre au moment où son congénère est déjà en l'air, ce qui permet au cavalier d'agenouiller le cheval, en attirant la masse en avant, par un effet de rênes fait obliquement et de haut en bas.

Le cheval étant agenouillé, le cavalier le maintient d'autant plus longtemps dans cette position, que la cabrade a été plus énergique.

L'agenouillement est demandé à cheval, lorsqu'il s'obtient facilement à pied. Dans ce cas, un aide se tient près du cavalier, armé d'une cravache. A toute cabrade, il s'approche du cheval, saisit les rênes d'une main, et, de l'autre, qui tient la cravache, il fait tomber l'animal à genoux. En même temps, le cavalier frappe avec sa cravache le long du canon antérieur droit. En peu de temps, le concours de l'aide devient inutile, et il suffit que le cavalier frappe avec la cravache l'un ou l'autre des canons antérieurs pour que le cheval tombe à genoux.

Des écuyers conseillent de mobiliser l'arrière-main au moment où se produit la cabrade. Ce serait évidemment un excellent moyen, si l'on pouvait prévoir et prévenir cette défense, attendu qu'elle ne peut se faire que par l'appui pris sur les membres postérieurs. Mais, la cabrade est généralement si soudaine, qu'il est impossible, pour la prévenir, de mobiliser la croupe à temps. Ce que l'on peut faire, par exemple, avec les chevaux qui se cabrent, c'est de les exercer souvent aux pirouettes renversées. Ces pirouettes, nécessitant la translation d'une partie du poids de l'arrière-main sur l'avant-main, habituent l'animal à ne pas s'arc-bouter sur les membres postérieurs.

Par contre, il faudra bien se garder de faire exécuter des pirouettes ordinaires aux chevaux qui se cabrent.

Chevaux qui s'emportent. — Les chevaux qui sont habitués au renfermer ne s'emportent jamais.

Un cheval part à un galop désordonné, soit à la suite d'une frayeur, soit à cause d'un appui trop prolongé du mors sur les barres, qui a rendu celles-ci insensibles; soit à cause d'un excès d'ardeur, occasionné par la course à côté d'un autre cheval, soit enfin par malice et méchanceté.

Dans ces divers cas, si l'animal a été habitué au renfermer, on l'arrêtera sans peine, après quelques pas de galop, par la pression énergique des deux éperons, près des sangles.

Si l'on est obligé de monter un cheval neuf ou incomplètement dressé, et que, sous l'action des causes précitées, il s'emporte, il faudra bien se garder de chercher à l'arrêter par une tension continue des rênes. Ce serait entamer une lutte inégale, dans laquelle le cavalier serait rapidement et inévitablement battu : au bout d'une ou de deux minutes, il n'aurait même plus la force de tenir ses rênes. Il faudra donc ménager ses forces et n'essayer des arrêts que d'une manière intermittente.

Il faut, dès que l'animal s'emporte, séparer immédiatement les rênes, c'est-à-dire les prendre à l'anglaise, si on les tenait à l'allemande.

Le cheval s'emporte, soit en s'encapuchonnant, soit en portant le nez au vent.

Dans le premier cas, on doit chercher à l'arrêter en lui soulevant la tête avec les rênes de filet, d'une façon intermittente, de manière à lui faire perdre le point d'appui pris sur le mors. Dans le second cas, il faut essayer des demi-arrêts, toujours d'une façon intermittente, en imprimant une forte saccade aux rênes de bride.

On aura également avantage à scier avec les rênes de filet seules, ou avec les rênes de filet et de bride, à gauche et à droite, alternativement.

Lorsque, le cheval étant emporté, on rencontrera sur sa route des obstacles franchissables, on cherchera à les aborder, le corps du cheval bien droit.

Si l'on a du champ devant soi, on laissera galoper l'animal, en soutenant légèrement les rênes, et quand on sentira qu'il se fatigue, on cherchera à l'arrêter en employant les moyens que nous venons d'indiquer.

Lorsqu'au contraire, en face de soi, se montreront des obstacles infranchissables, tels que précipices, murailles, grilles, etc., on cherchera, si le terrain le permet, à mettre le cheval sur le cercle. Enfin, si l'on se voit exposé à une mort certaine, on sautera à terre, en voltige. Mais c'est là un moyen de salut auquel on ne devra recourir qu'à la dernière extrémité.

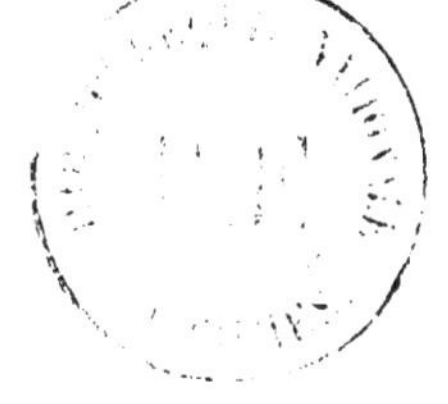

FIN

TABLE DES SOMMAIRES

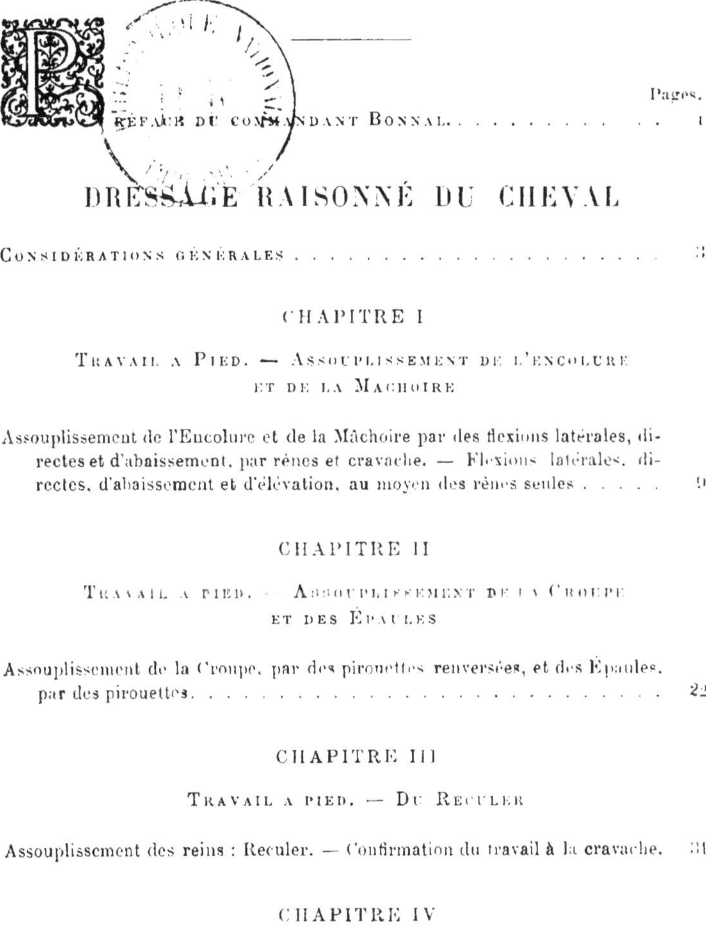

DRESSAGE RAISONNÉ DU CHEVAL

Pages.

CHAPITRE V

Travail a pied. — Du Rassembler

CHAPITRE VI

CHAPITRE VII

Des Aides

CHAPITRE VIII

CHAPITRE IX

Travail a Cheval. — Assouplissements en place

CHAPITRE X

Travail a Cheval. — Du reculer.

Pages.

CHAPITRE XI

Travail a Cheval. — Assouplissements en marchant

CHAPITRE XII

Travail a Cheval. — Du Sentiment des appuis antérieurs

CHAPITRE XIII

Travail a Cheval. — Exercices des deux Pistes au Pas

CHAPITRE XIV

Travail a Cheval. — Du Trot

CHAPITRE XV

Travail a Cheval. — Travail au Pas et au Trot d'une et de deux Pistes

CHAPITRE XVI

FIN DE LA TABLE

Paris. — Typ. Ch. Unsinger, 83, rue du Bac.

www.ingramcontent.com/pod-product-compliance
Ingram Content Group UK Ltd.
Pitfield, Milton Keynes, MK11 3LW, UK
UKHW020545180726
13838UKWH00001B/55

9 782329 412658